中央自動車道の不思議と謎

藤田哲史
Tetsushi Fujita

JIPPI Compact

実業之日本社

中央自動車道 関連ルートマップ

凡例

- ● ＝インターチェンジ（IC）またはジャンクション（JCT）
- ○ ＝サービスエリア（SA）またはパーキングエリア（PA）
- ◑ ＝（スマート）IC＋SA または PA
- ■ ＝料金所（TB）
- ◙ ＝IC＋TB

路線名	道路名	区間
中央自動車道富士吉田線	中央自動車道	高井戸 IC - 河口湖 IC
	東京外環自動車道	東名 JCT - 中央 JCT
中央自動車道西宮線	中央自動車道	大月 JCT - 小牧 JCT
	東名高速道路	小牧 JCT - 小牧 IC
	名神高速道路	小牧 IC - 西宮 IC
中央自動車道長野線	長野自動車道	岡谷 JCT - 更埴 JCT

※中央自動車道西宮線・小牧ＪＣＴ～小牧ＩＣは東海第一自動車道と重用。中央自動車道長野線の区間は整備計画変更後のものです。

※地図は 2018 年 6 月現在のものです。本書刊行後も路線の開業やインターチェンジ等の開業が続きます。最新の情報は NEXCO 各社の WEB サイト等をご覧ください。

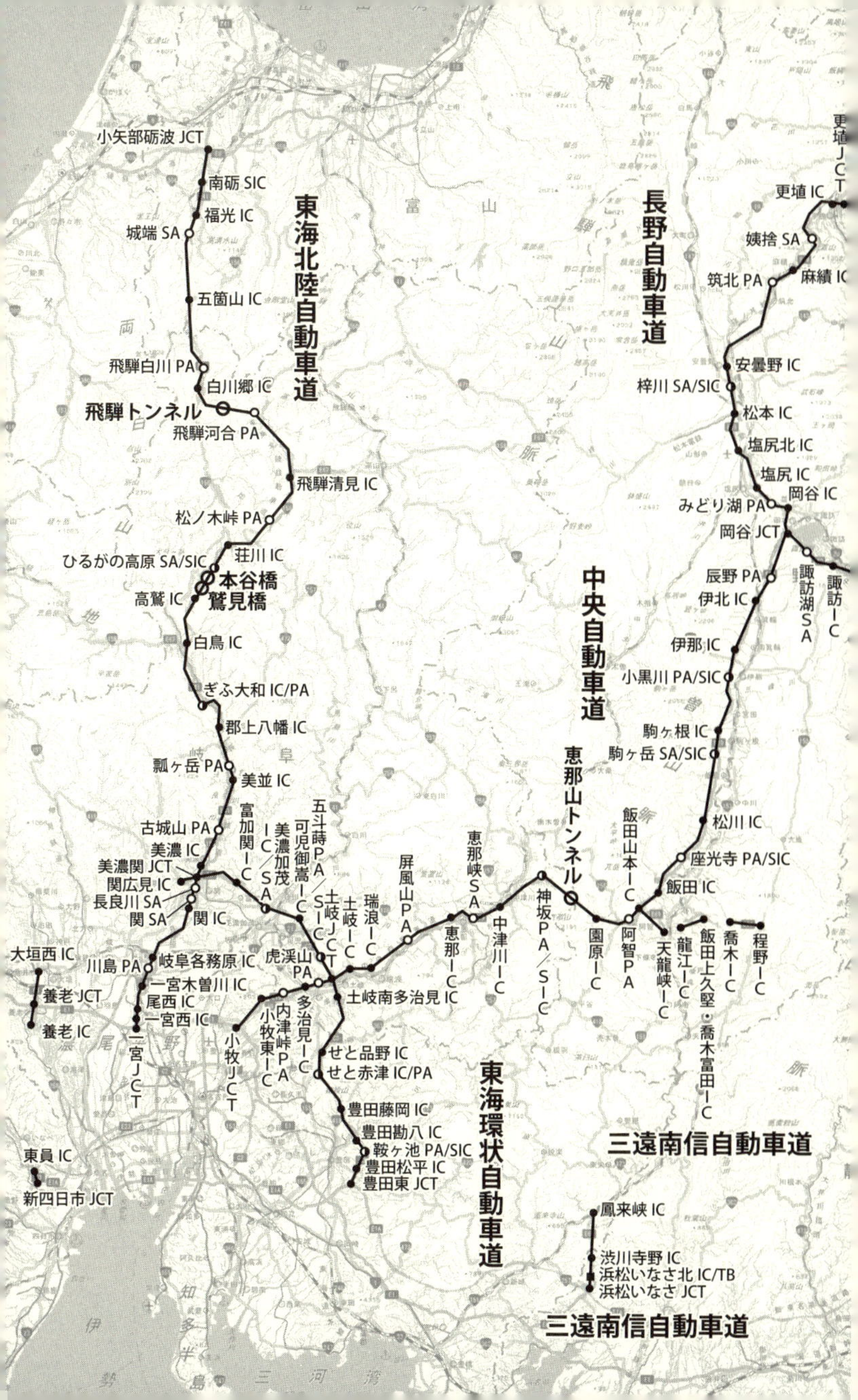
東海北陸自動車道
小矢部砺波 JCT
南砺 SIC
福光 IC
城端 SA
五箇山 IC
飛騨白川 PA
白川郷 IC
飛騨トンネル
飛騨河合 PA
飛騨清見 IC
松ノ木峠 PA
荘川 IC
ひるがの高原 SA/SIC
本谷橋
鷲見橋
高鷲 IC
白鳥 IC
ぎふ大和 IC/PA
郡上八幡 IC
瓢ヶ岳 PA
美並 IC
古城山 PA
美濃 IC
美濃関 JCT
関広見 IC
長良川 SA
関 SA
関 IC
岐阜各務原 IC
川島 PA
一宮木曽川 IC
尾西 IC
一宮西 IC
一宮 JCT
大垣西 IC
養老 JCT
養老 IC
東員 IC
新四日市 JCT
東海環状自動車道
富加関 IC
美濃加茂 IC/SA
可児御嵩 IC
五斗蒔 PA/SIC
土岐 JCT
土岐 IC
瑞浪 IC
屏風山 PA
恵那峡 SA
恵那 IC
中津川 IC
虎渓山 PA
土岐南多治見 IC
多治見 IC
内津峠 PA
小牧東 IC
小牧 JCT
せと品野 IC
せと赤津 IC/PA
豊田藤岡 IC
豊田勘八 IC
鞍ヶ池 PA/SIC
豊田松平 IC
豊田東 JCT
中央自動車道
神坂 PA/SIC
恵那山トンネル
園原 IC
阿智 PA
飯田山本 IC
飯田 IC
座光寺 PA/SIC
松川 IC
駒ヶ岳 SA/SIC
駒ヶ根 IC
小黒川 PA/SIC
伊那 IC
伊北 IC
辰野 PA
岡谷 JCT
諏訪湖 SA
諏訪 IC
岡谷 IC
みどり湖 PA
塩尻 IC
塩尻北 IC
松本 IC
梓川 SA/SIC
安曇野 IC
長野自動車道
筑北 PA
麻績 IC
姨捨 SA
更埴 IC
更埴 JCT
三遠南信自動車道
天龍峡 IC
龍江 IC
飯田上久堅・喬木富田 IC
喬木 IC
程野 IC
三遠南信自動車道
鳳来峡 IC
渋川寺野 IC
浜松いなさ北 IC/TB
浜松いなさ JCT

はじめに

高速道路の魅力はなんといってもスピードです。

唸るエンジン、飛び去る景色。筆者は普段はあまり音楽を聴きませんが、高速道路をドライブするときはロックなりテクノなりの音楽をガンガンかけたくなる、そんな高揚感が湧き起こってきます。

ただ、この激情的なスピード感は、高速道路のほんの副産物です。

高速道路の本質は、単に高速で走ることができるということではありません。高速で走り続ける（巡行）ことができる道路なのです。何百km、場合によっては何千kmも走り続けることができます。その間、一般道みたいに信号もなければ、いったん停止もありません。1時間あれば1時間分だけ前に進みます。この巡行性こそが高速道路の本当の能力なのです。

高速道路によって交流圏が広がり、物流は迅速になっています。ちょっと遠くの観光地へ日帰りができたり、居ながらにして新鮮な野菜や魚介が手に入ったり、便利な日常生活も高速道路によって支えられています。これも、１００kmの距離を時速１００kmで1時間で走行できる（理論上）という巡行性が生み出している利便です。

でも――と筆者は思います。これは利便ではあっても、果たして魅力なのだろうかと。確かに高速道路のメリットではありますが、本書は交通経済学の教科書ではないので、それを説くのが目的ではありません。もっと伝えるべき魅力的な何かがあるはずです。

身近な人と話をしてみると、料金所のゲートをくぐるという行為が、別世界に行くようでわくわくするという感想もありました。民俗学的に解釈すると異界へ入るための儀礼です。呪文を唱えたり手順に従うと扉が開いて別世界に通じることができる、あれです。ETC利用車ですとピッと音が鳴るだけですが、非利用車の場合は車の窓を開けて通行券を取ることでゲートが開くという一連の動作をしないといけません。

その、別世界とは――高速道路とは――どのような世界なのでしょうか。

高速道路になぜ魅せられるのか、筆者なりに考えてみました。スピード感や巡行性以外に、道路としての、土木やシステムとしての魅力があるのではないかと思いを巡らしてみます。そうして思い当たったのが「修景」と「運行支援」です。

修景（landscaping にこの語を当てます）とは、文字通り、風景を修正するという意味です。土木や建築の現場では殺風景な外観をきれいに仕上げたり、柵の代わりに花壇を置いたり、そういうちょっとした景観美化の場面で使われることが多い術語ですが、もっと大きなスケールのものも含めます。「道路デザイン」に近いかもしれません。

高速道路は高速で安全・快適に走行できるようデザインされています。高速道路の設計者は意図的に、ドライバーの目に見える風景を修正しています。

例えば、曲線部の見通しを確保するために広く切り通したり、切り通した両側の残丘が元からの自然の山だったかのように修正しています。アースデザインといいます。高速走行時に道路が滑らかに続いているように見せるためにルート途中に曲線を入れるということも、ごく当たり前に行なわれています。

丘陵地帯を「美しい」曲線を描きながら走る高速道路。山肌に「うまく」張り付いている高速道路。それらは、意図的に積極的に、道路設計者の美意識でもって造られたものなのです。

山アテという手法もあります。形のよい、地域のシンボルになる山があると、それが進行方向正面に見えるように道路を設計することがあります。東名高速道路の建設では、富士山が正面に見えることがルート決定の決め手になったというエピソードまであります。

高速道路を走行するドライバーのほとんどの方は気付いていないと思いますが、実は、ここまで作り込まれた「作品」の中を走っているのです。修正された景色の持つ、美しさ、心地よさ、快適さ、そういうものが、緊張を強いられる高速走行にあって冷静に判断が行なえる心理的支えにもなっています。普段の街中の景色と、高速道路の景色は、違っていて当然なのです。

高速道路は、高速で長距離を走るという特殊な走行をする場所です。安全・快適に走行するには、各自が交通規則を守って走行するということはもちろんですが、それにも限界があります。実は、高速道路の走行には、ドライバーが意識するしないにかかわらず、外部からの支援が差し伸べられています。格好よく言うと「運行支援」です。

「運行支援」といっても、高速道路は何千台、何万台という車が通りますから、宇宙船や飛行機のように1台1台が直接管制官とやり取りをするわけではありません。でも、そうした状況をイメージしたとしてもあながち間違いではありません。

例えば、ロケットの打ち上げでは、発射（lift off）などのイベントごとにカウントダウンが行なわれます。高速道路というと、そうです、ジャンクションやインターチェンジでは、２km手前から案内が始まり、１km、５００m、０m（分岐、今！）というカウントダウンです。時速１００kmで走行していると、72秒前からカウントダウンが始まっているのです。読み上げてくれるアナウンスはないかもしれませんが、意図した方向に間違いなく、安全に分岐するためには、前もって備えておく運転操作が欠かせません。

高速走行に必要な情報も適宜提供されます。電光掲示板では、事故や渋滞情報、気象情報などが表示されています。長いトンネルの手前では出口の道路状況が事前に提供され、谷間の橋の上では吹き流しが風速を教えてくれます。こうした情報の提供も、街中では見かけない、高速道路ならではのものです。

非常時に通報ができる非常電話も１㎞ごとに設置されています。路面の異常や落下物を通報するための道路緊急ダイヤル（＃９９１０）は一般道も共通の番号ですが、各高速道路会社では料金や交通情報について問い合わせができる電話窓口も設けています。

そして、高速道路には道路管制センターがあり、24時間３６５日道路の状況を監視しています。先ほどの電光掲示板の情報提供もここが行なっています。私たちが高速道路を走行するときは間接的に、管制センターの管制に従って、運行支援を受けているのです。

物理的に視覚情報が改変された（修景された）世界を、運行支援を受けながら、人間の知覚能力ぎりぎりのスピードで疾走する――こういうとなかなかＳＦっぽく聞こえます。そうした世界が高速道路なのです。もうそれだけでワクワクしてきます。

本書では、中央自動車道を中心に、そのファミリーとも言うべき高速道路を紹介しています。中央道のひみつや、その歴史についても触れます。サービスエリアやパーキングエリアといった休憩施設、道路管理センターなどの、高速道路の施設についても解説をしていきます。

CONTENTS

第2章 SAPAってこんなに楽しい!

エンタメと歴史を秘めた高速道路のアクセント

第3章

安全・快適を守るために

中央道・高速道路が秘めた謎

第4章 高速道路の基礎知識

日本の経済活動の根幹をなす大切な存在

第5章 中央道が繋ぐ高速道路

「その先」はどうなっている？

・本文のインターチェンジ等に続けて記載してある［1］［2］［3］……という数字は、インターチェンジ番号です。
・本文の路線名に続けて記載してある［E86］などの記号・数字は、高速道路ナンバリングを表しています。
・カーブの緩急は円弧曲線の半径（単位はm）で表わしています。勾配（縦断勾配）の緩急は百分率（水平距離で100m進んだときの標高の変化、単位は％）で表わしています。
・本書の記述は2018（平成30）年5月末時点の取材に基づいています。
・本書に掲載した地図は、国土地理院の地理院地図に加筆したものです

装丁　杉本欣右
本文デザイン&DTP　Lush!
取材協力　中日本高速道路株式会社
企画・編集・地図制作　磯部祥行（実業之日本社）

第1章

中央道ルートの秘密

こんなふうになるはずだった？いまもなお進化中！

中央道・大月JCT付近

CHUO
1-01

IC番号「1」の高井戸ICからは中央道に乗れない!? 首都高速から始まる中央道の旅

中央自動車道（以下、中央道）３４４・３kmを、起点の東京都杉並区高井戸《たかいど》から終点の愛知県小牧《こまき》市に向かって走ってみます。途中、大月ＪＣＴから河口湖ＩＣまでの22・５kmの支線にも寄り道します。

中央道は高速道路なので、一般道とは立体交差になっています。どこかインターチェンジから入らないといけません。

高速道路のインターチェンジには起点側から順に番号が振られていて、中央道のインターチェンジ番号のナンバー1は高井戸ＩＣ［1］です。中央道の旅に出掛けるのですから、せっかくですので1番から始めたいところですが、環状8号線（以下、環八）の高井戸に向かっても入口（オンランプ）が見当たりません。これは、高井戸ＩＣは上り線から出ることだけができる変則的なインターチェンジだからです（この理由は後で解き明かします）。東名高速道路（以下、東名高速）が環八の東京インターから出発できるのとは大違いです。

中央道は首都高速（以下、首都高）４号新宿線と直結していますので、少し都心側まで行って、首都高の永福《えいふく》入口から入ることにしましょう。道路は繋がっていますが、首都高と中央道は道路の制度や運営している道路会社が異なりますので、永福入口から高井戸（中央道接続地点）までの区間の料金を別に払う必要があります。

東京都杉並区高井戸の中央道起点に立つ「ここから中央自動車道」の看板

ちょうど環八と立体交差する地点が、首都高速と中央道との境目です。「ここから中央自動車道」の看板が立っています。よく観察すると０キロポストも設置されています。本書で「ＩＣ」を付けずに単に高井戸と書くときは、この地点のことを指します。

また、両側に立つ遮音壁も、首都高速の背が高くて上に円筒形のノイズリデューサー（減音装置）が載ったものから、背が低いものに変わるので、開放的な感じがします。旅の気分が高まってきました。

CHUO 1-02

中央道の起点は渋谷になるはずだった!? そもそもネットワークが考慮されなかった黎明期

中央道の起点、高井戸は、ちょうど環八と立体交差をしている地点にあります。東名高速の起点の用賀《ようが》（東京都世田谷区）も同じく環八との交点に位置しています。まるで、都心方向への進入を阻む、見えない壁があるみたいです。

環八とは東京の道路網計画で計画された8本の環状道路のうち一番外側に弧を描いている道路で、皇居を中心として半径約13〜14㎞に位置しています。

1962（昭和37）年に高速自動車国道法に基づいて路線指定（高速道の整備手続きについては160ページ参照）された時点では、中央道はもっと都心側の環状6号線（山手通り）の初台《はつだい》まで入り込む想定でした。南平台《なんぺいだい》を起点としたルート案もありました。いずれにしても、環状6号線との交点に東京第1ICを置き、以下、環状7号線との交点に東京第2IC、環八との交点（高井戸）に東京第3ICをそれぞれ設ける構想でした。

この当時の東京は、自動車交通が逼迫していて、その解消を目指して1959（昭和

34）年に首都高速道路公団を設立して首都高の建設に着手したばかりの時期でした。そうした中での中央道と東名高速の高速自動車国道（以下、高速道）建設は、東京へのさらなる交通流入を招く元凶でしかありませんでした。そのため、高速道は東京の郊外で環状道路と接続させて、できるだけ交通を分散させるということが基本方針になりました。

また、都市圏内部における高速道と首都高との役割分担も曖昧でした。今日ではむしろ首都圏の高速道と首都高の一体的なネットワーク構築が課題になっていますが、当時は、中央道と首都高との接続について、目的も規格も異なる道路同士を繋げるのは危険だという論調が見られたくらいです。高速道黎明期ならではのエピソードです。

こうした議論が繰り広げられている中でも、東京の市街地は急速に郊外に広がっていきました。もはや環状6号線付近まで高速道を引き込むのは適切ではなく、むしろ都市内交通を担う首都高を環八付近まで延長し、そこで高速道と接続させることになりました。こうして、１９６６（昭和41）年7月30日に高井戸を起点とする現在の形に計画が決定されたのです。

高井戸付近の中央道のルートを確認しておきます。東京の市街地が続いている地域ですから、周囲には住宅地が広がり、幹線道路に沿ってビルが立ち並んでいます。こうした人工物を剥いで地形を見てみると、武蔵野台地の中でも一段と標高の高い「尾根筋」を中央道は走っていることがわかります。

　この区間の中央道の高架橋は、地平の放射5号線の敷地と共に、玉川上水の土地を転用しています。玉川上水は、江戸時代初期に建設された生活用水で、多摩川の羽村堰《はむらせき》（東京都羽村市）から四谷大木戸（同新宿区）まで距離は43kmあります。ところが、両地点間の標高差は１００ｍ程度しかないため、平均勾配を１０００ｍ進んで２ｍ下がる（０・２％）としないと水を通せません。高井戸から約３００ｍ北側には神田川が刻んだ谷がありますが、こうした谷に一度でも水を落としてしまうと、そこで用水が途切れてしまいます。ですので、玉川上水は武蔵野台地の尾根筋を慎重に見極めた、いわば奇跡のルートを選んでいます。

　中央道は、細長い用地がうまく残されていたという理由で玉川上水の用地を使ったにすぎないのでしょうが、このように、高速道路のルートからもその土地の自然や歴史、風土が見えてきます。本書ではこうした視線を大切にしていきます。

中央道の起点・高井戸の年表

1959（昭和34）年	首都高4号新宿線が初台まで都市計画決定
1962（昭和37）年	高速自動車国道としての中央道の起点が渋谷区とされる（環状6号線との接続を想定）。中央道の杉並区（高井戸、環八）以西の区間に対して施工命令。
1966（昭和41）年	首都高4号新宿線が高井戸までに変更。中央道と首都高地点の接続が高井戸になる。放射5号線への接続で中央道・高井戸ICを計画。東京外郭環状道路（外環道）を新設。
1973（昭和48）年	高井戸ICの建設反対運動への妥協案として、環八から直接入ることができる中の橋ランプの増設も検討。
1976（昭和51）年	中央道の東京・高井戸～調布ICが開通。首都高4号新宿線と接続。
1986（昭和61）年	高井戸ICの上り線出口（オフランプ）のみ供用。

CHUO 1-03

高架橋の上にトンネル⁉ 烏山シェルターのひみつと未完の高井戸IC

中央道下り線を高井戸から進むと、未完の高井戸ＩＣを玉川上水から外れて大きく左へカーブします。その先にトンネルの入口が見えてきます。案内標識でもトンネルとして案内されていますが、高架橋の上に覆いを設置したものです。国土地理院発行の２万５０００分の１地形図（紙）では、山間部の道路に見られる落石覆いや落雪覆い（スノーシェッド）と同じ「雪覆い等」の記号で記されています。

このトンネル、名称を烏山《からすやま》シェルターといい、長さ２４５ｍあります。烏山北住宅（団地、東京都杉並区）で起きた中央道の建設反対運動を受けて、騒音および排ガス対策として設置されたものです。

地図を見ると、この部分の中央道は住宅団地の真ん中を横切っています。道路用地は予め確保してあったのですが、その「空き地」に高速道路を建設する予定であるとは入居してきた人々に明確には知らされていませんでした。寝耳に水のことに驚いた住民たちが建

烏山シェルター

設反対運動を起こし、１９７０（昭和45）年８月から３年４か月間にわたって工事が中断するという事態に陥りました。その解決策として建設されたのが、烏山シェルターだったのです。

烏山シェルターにはもう一つ謎があります。下り線の入口付近は一部だけ３車線分の幅があります（一番左側のスペースは走行や駐停車禁止）が、シェルター内で合流して、出口では２車線になっています。どうしてでしょうか？　実は、ここが、高井戸ＩＣ下り線のオンランプの設置が予定されていた場所なのです。高架橋では後から拡幅をすると追加工事に手間や費用がかかってしまうため、将来の拡張を見越して予め作っておくということはよくあります。３車線分の幅は合流部分を想定したスペースです。オンランプは、緩く左へカーブする本線の内角に取りつく予定でした。

ここも建設反対運動によって、工事が止まりました。最終的にランプの位置及び構造の変更を検討するということで本線の工事は進められましたが、ランプ問題は未解決のままです。環状８号線から直接中央道に入るオンランプを増設して交通量を分散させる計画案も用意されていますが、こちらはこちらで付近住民の反対に遭い、決着を見ていません。上り線の出口（オフランプ）だけは１９８６（昭和61）年になってようやく開通しました。

高井戸～調布ＩＣの主な建設反対運動

①烏山北住宅

昭和 41 年から入居開始。昭和 45 年７月烏山北住宅道路対策協議会を結成。美濃部亮吉都知事が並行する都道の工法見直しに言及したのを受けて、中央道も８月に工事を中断。昭和 48 年 12 月に合意が結ばれるまでの３年４か月に渡って工事が中断。烏山シェルターを設置することで解決が図られたが、そのシェルター設置が周辺への排ガス問題を拡散。

②高井戸（１）

昭和 46 年３月高井戸地区公害対策協議会（高対協）が工事中止を都議会に請願。烏山北住宅の問題と並行して、昭和 48 年 12 月に合意。ランプの位置及び構造の変更を検討（下り線オンランプが未解決）

③三鷹料金所問題

昭和 49 年 12 月中央高速道対策協議会（中対協）結成、昭和 50 年３月工事を実力で阻止、三鷹料金所へのシェルター設置要望。昭和 51 年１月工事再開。料金所規模の縮小（レーン数削減）と緩衝緑地帯の設置。

④高井戸（２）

昭和 50 年に入り烏山シェルター出口からの排気ガス対策を要望。６月に工事を実力で阻止。昭和 51 年３月合意。烏山シェルターへの集塵装置の設置と緩衝緑地帯の設置。

⑤富士見小学校問題

昭和 50 年２月に富士見小学校ＰＴＡが、高対協との合意の騒音対策では不十分として開通阻止を要望。昭和 51 年４月、５者協議会（日本道路公団（当時）、東京都、杉並区、富士見小学校、同ＰＴＡ）で合意。校舎の騒音対策および環境影響調査。

⑥調布ＩＣ強行閉鎖

中央道の高井戸～調布ＩＣが未開通のため、暫定的に「終点」となっている調布ＩＣ周辺の交通事情および環境が悪化しているとして、昭和 48 年６月に調布市議会が調布ＩＣの閉鎖要請を決議。同年８月には調布市長および市議会議長を先頭に実力行使。

CHUO 1-04

半世紀ぶりに動き出した外環道の一部も中央道！

1966（昭和41）年の都市計画決定変更は東京の環状6号線から外側の地域についての道路について一括して変更を行なったもので、中央道の起点を高井戸にしただけでなく、他にも中央道に関わる大きな決定が含まれていました。

一つ目は放射5号線のルート変更です。従来は国道20号（甲州街道）を指定していた放射5号線を、上北沢から分岐させて、玉川上水を暗渠《あんきょ》化した上を通る部分を新しく指定して、東京八王子線（東京八王子道路）に繋げるというものです。全体として既存の国道20号のバイパスとして機能し、中央道は、高井戸ＩＣと府中ＩＣ（現在の国立府中ＩＣ）で東京八王子線と接続するように計画されました。

中央道は東京・多摩地区の幹線道路計画と有機的に結びついて、東京近郊の域内交通を支える役割も担うことになりました。

もう一つの大きな決定は、東京外郭環状道路（以下、外環道）の新設と中央道との接続計画です。外環道は「環状9号線」とでも言うべき道路で、8本ある環状幹線道路の外側にさらに環状の幹線道路を作ろうというものです。当時、中央道と東名高速以外にも、東北道や常磐道などの高速道が続々と計画・着工され、東京を目指していました。これらの道路が開通した時に都心部の渋滞を悪化させないために、通過交通を郊外の環状道路で分散させるための切り札が外環道でした。中央道と外環道との交点に設けられるインターチェンジは三鷹ICと仮称されていました。

ところが、既に見たように、高井戸から三鷹にかけての地域では中央道建設反対の激しい住民運動が巻き起こり、さらに別の高速道の建設を促進できるような状態ではなくなってしまいました。外環道の西側区間の建設は凍結されてしまいました。

こうした状況が変わったのが2007（平成19）年のこと。計画を大深度地下トンネルに変更することで、事前に土地使用権者への補償を行わずとも工事が進められるようにしました。そして、1966年の都市計画決定から50年以上経った2017（平成29）年、本線トンネルのシールドマシンが発進し、ようやく本格的な工事が始まりました。

中央道と外環道とのジャンクションは、三鷹ICから中央JCTへと改称されて、現在建設工事が進められています。中央道のインターチェンジ番号［2］は現在欠番になっているのですが、将来、外環道と接続した際には中央JCTに付けられることでしょう。

外環道の東名ＪＣＴ〜中央ＪＣＴの間６㎞は「中央自動車道」の一部です。詳細な説明は１１７ページや１６０ページを参照していただきたいのですが、高速道は、日常的に案内されている道路名の他に、国土開発幹線自動車道（以下、国幹道）および高速道としての路線名と起点、終点、経過地をそれぞれ持っています。国幹道や高速道としての中央道は、実は、高井戸〜河口湖ＩＣの富士吉田線、大月ＪＣＴ〜小牧ＪＣＴ〜西宮ＩＣの西宮線（小牧ＪＣＴ〜西宮ＩＣは名神高速道路という道路名で案内）、岡谷《おかや》ＪＣＴ〜更埴《こうしょく》ＪＣＴの長野線から構成されています（重複部分を除いて表記）。こうした中央道グループの一環に、外環道の東名ＪＣＴ〜中央ＪＣＴが含まれていて、起点側の枝線として扱われています。

放射5号線の上に覆い被さる中央道の高架橋

外環道との接続地点では中央JCTの建設が進められている

CHUO 1-05

なぜ下り線だけにしか三鷹料金所はないの？下り線だけにある三鷹料金所の役割とは

烏山シェルターを過ぎると、外環道とのジャンクションの建設予定地があります。中央道を走っているとなかなか気が付きませんが、仙川を渡ります。仙川は武蔵野台地上を蛇行して流れています。左岸の突出した高台には中世の天神山城、右岸側の微高地には江戸時代初期に柴田氏が陣屋を置いた島屋敷跡（ともに東京都三鷹市）があり、川の屈曲と段丘を使った要害となっていました。

本線を塞ぐ形（バリア）で三鷹料金所があります。下り線、首都高４号線から本線を直進してくる車両に対しての料金徴収業務を行なうための料金所で、ＥＴＣ車両に対しては高速自動車国道への入場処理が行なわれます。非ＥＴＣ車両については、この先八王子料金所までの均一料金がここで徴収されます。本来は、高井戸ＩＣの下りオンランプから入った車両および外環道からの流入車両に対しても一括して処理を行なう想定でしたが、これらはまだ実現していません。

三鷹料金所。公団文字（130ページ参照）で書かれた「鷹」は独特の書体

ちなみに上り線には料金ブースはありません。八王子料金所で処理をされ、首都高の料金所の永福本線料金所で徴収されます。

この三鷹料金所の建設を巡っても住民による反対運動が起き、計画が大きく変更になっています。本来は、東名高速の東京料金所（神奈川県川崎市）のように、中央道の東京側の料金所になるはずでした。上下線合わせて15レーン（将来的には19レーンまで拡張可能）で設計されていました。また下り線、上り線、それぞれの料金所手前広場（トールプラザ）には小規模ながらパーキングエリアも設置される計画でした。

現在は、下り線7レーンのみで、残りの土地には緩衝緑地帯として木々が植えられています。航空写真を見ると、料金所の両側に卵形に膨らんだ緑地が見えています。三鷹料金所が果たすべきだった本線料金所としての機能は、八王子本線料金所が果たしています。

CHUO 1-06

中央フリーウェイ♪なぜ競馬場とビール工場は目立つのか!?

三鷹料金所を過ぎるとそれまで高架橋だったのが堀割になる区間があります。蕎麦で有名な深大寺《じんだいじ》（東京都調布市）はこの付近です。堀割になっているのは、武蔵野台地に多摩川が刻んだ崖線《がいせん》の一つである国分寺崖線を横切るためです。崖線下には野川《のがわ》が流れ、ちょっとした要害の地です。中世には深大寺城が築かれました。

野川を渡ると、調布飛行場を避けるように南へ向かいます。中央道建設時、調布飛行場はアメリカ軍に接収されていて、隣接してアメリカ軍の住宅・関東村がありました。今の味の素スタジアム（東京スタジアム）の場所です。建設当時に接収が解除されていればインターチェンジに打ってつけの広い土地が確保できたのですが、叶いませんでした。

国道20号と交差する地点に調布ＩＣ［３］があります。用地が広く取れなかったために、Y字型とトランペット型を組み合わせたインターチェンジになっています。ちょっと窮屈そうです。

稲城《いなぎ》IC［3－1］は、多摩川を渡る稲城大橋（開通当時は有料）と直結していて、稲城市と東京・都心方面を結ぶハーフインターチェンジです。インターチェンジ番号が枝番になっているのは、後から追加で建設された場合の表記方法です。府中スマートIC［3－2］は府中バス停に併設されたスマートインターチェンジで、2015（平成27）年にできたばかりです。このスマートインターチェンジは、稲城ICとは逆に、名古屋方面のみのハーフインターチェンジになっています。

この先に、ユーミン（松任谷由実）が『中央フリーウェイ』で歌った府中競馬場とサントリーの武蔵野ビール工場が見えてきます。この二つの施設、車窓から目立つランドマークというだけでなく、実は中央道のルート決定にも大きくかかわっています。

競馬場は、コースの南側に宿舎建設用の土地が予め確保してありました。東西に伸びる細長い土地は道路用地に打ってつけとばかりに中央道に転用したために、競馬場のコースを覗けてしまうくらい真横を通ることになりました。

競馬場を過ぎると、今度はサントリーの武蔵野ビール工場が左に迫ってきます。実はこのビール工場、1963（昭和38）年が竣工で、中央道が着工した時はちょうど工事の真っ最中でした。工場が拡張してしまうと中央道の建設が困難になってしまいますから、高速道路用地を先行取得してしまうことも行なわれました。

多摩都市モノレールの跨道橋。「鋼軌道桁」という種別表示が興味深い

国立《くにたち》府中《ふちゅう》ＩＣ［４］は、東京都国立市の大学通りに接続するという案もあったのですが、住宅団地とＪＲ南武線が支障となり、現在の位置に東京八王子線に接続する形で作られました。多摩川左岸・立川崖線下のまだ開発前の水田地帯でしたから、インターチェンジの形も、調布ＩＣと比べて大きく伸び伸びとしています。

この区間の東京八王子線は国立府中ＩＣ入口交差点から国立府中ＩＣまでの区間が先行して開通し、長らく盲腸のような存在でしたが、２００７（平成19）年に国道20号日野バイパスとして全通すると、国道20号の本道となりました。

多摩川を渡ると日野市です。頭上を越えていく多摩都市モノレールは印象的です。

CHUO 1-07

中央道の「山」区間開始！八王子ICから小仏トンネル

多摩川を渡った中央道は、日野台地に差し掛かります。下り線・日野バス停付近は渋滞の頻発箇所です。

中央道は、八王子の市街地を北側に大きく迂回するために、多摩川の支流・谷地《やち》川の右岸段丘上（加住南《かすみみなみ》丘陵）にルートを取ります。

石川PAの所在地は八王子市石川町ですが、谷地川が石が多いことから石川とも呼ばれていたことが地名の由来といわれています。蛇行していた谷地川は、河川改修で直線化され、河川の蛇行跡が緑地公園になっています。

八王子IC［5］は加住丘陵の北側に設けられています。

下り線・八王子ICには出口が2か所あります。第1出口［5－1］は、一般国道16号の八王子バイパスの横浜方面のみに通行できます。1991（平成3）年に追加になりました。第2出口［5－2］が当初から設けられていた八王子ICのオフランプです。

本線を直進する車は八王子料金所を通過します。１９７９（昭和54）年の均一料金制の導入に合わせて設置された本線上の料金所です。この均一料金制は、通行料金を簡素化することで東京・多摩地域の料金所混雑の緩和を目的として導入されました。２０１０（平成28）年４月に対距離制に移行になりましたが、ＥＴＣの普及や首都圏全体での料金体系の見直しにより、利用条件により料金が変動する複雑な仕組みになっています。

八王子料金所

この先は、小仏峠《こぼとけ》へ向けて徐々に登って行きます。元八王子バス停も、交通情報で渋滞発生箇所としてよく耳にします。

西へ向かう中央道の進路を、標高４５０ｍの山塊が遮っています。八王子城跡がある城山です。戦国時代に関東平野一帯を治めていた北条《ほうじょう》氏が築いた城で、西の武田氏に備えて、小仏峠を抑える重要な役割を持っていました。この城の城下町として栄えたのが今の元八王子付近で、現在の八王子の「元」になったという意味の地名です。

中央道は城山《しろやま》を避け南に進路を変えます。地図を見ると、大正天皇、昭和天皇の陵墓がある武蔵陵墓地の裏側を通る、苦心のルートということがわかります。

南浅川（小仏川）沿いに進路を西側に向けます。いよいよ小仏峠へのアプローチが始まるのですが、途中に首都圏中央連絡自動車道（圏央道、［C４］）と連絡する八王子ＪＣＴがあります。

圏央道は城山と高尾山の下をそれぞれトンネルで貫いていて、両山塊を分け隔てている南浅川の谷間で、僅かに地表部に表われます。中央道との接続地点としては、ここしか考えられない位置です。南側は谷が深くなり橋脚の高さも40ｍを超えますので、ジャンクションは北側の城山山腹に張り付くように作られています。

圏央道との接続によって、中央道は東名高速、関越道、東北道、常磐道などと結ばれ、交通の流れも変化してきています。八王子ＪＣＴの圏央道側は中央道への分岐交通が多いことを想定して本線を１車線に絞っていましたが、この車線減少がかえって交通渋滞を招いてしまっていました。２０１７（平成29）年12月からは圏央道の本線も各２車線化して、渋滞緩和を図っています。

小仏トンネルは、小仏峠のほぼ真下を貫いていて、下り線１６４２ｍ、上り線２００２ｍあります。関東平野とはここでお別れです。

CHUO 1-08

都県境・小仏トンネルを越えて相模湖、そして笹子トンネルへ

小仏トンネルの中で都県境を越え、神奈川県に入ります。相模川の上流部に当たり、1947（昭和22）年に完成した相模ダムのダム湖・相模湖が広がります。小仏トンネルの西側は4・5％の下り坂が続きます。坂を降りきった所には登り坂が待ち構えていて、ここで知らず知らずのうちに速度が低下してしまうと渋滞が発生してしまいます。一定の速度を維持して走行するようにしましょう。

上り線は、小仏トンネルに向けて坂を登ることになります。登坂のスピード低下で交通集中が起きやすく、渋滞の発生地点として知られています。

相模川左岸の山腹に張り付いているようなルートのため気付かずに通り過ぎてしまいますが、相模川の支流が刻んだ深い谷を橋梁で越えています。底沢橋もその一つで、橋脚の高さが約50mもあります。1967（昭和42）年の上り線の橋梁建設の際には、ロケットエンジンを噴射して橋脚の耐震試験を行なったというエピソードがあります。

相模湖東出口［7］は1968（昭和43）年の開通当初から設置されていますが、東京方面からの出口だけという変則的な形です。この出口が設けられたのは、次の相模湖IC［8］からの流出交通が、旧相模湖町中心部の一般国道20号の隘路部分で詰まってしまうのを防ぐ目的のためです。ちなみに、1964（昭和39）年の東京オリンピックのカヌー競技は相模湖で開催されましたが、当時はまだ中央道開通前でした。

神奈川県はあっという間に過ぎ、次の上野原《うえのはら》IC［9］からは山梨県です。上野原ICは後から追加になったインターチェンジで、開通は1989（平成元）年です。上り線のオフランプとオンランプは平面交差していますので、信号に従って通行してください。

上野原IC〜大月《おおつき》IC［10］・JCT［11］は、渋滞対策のために上下6車線に拡幅された区間です。その際に、線形の改良も行ない、急カーブが続く一部区間はルートを破棄してしまいました。高速道路の廃道跡です。この廃道跡、市道に転用されている部分があるため誰でも通ることができます。高速道路時代の標識がまだ残されていたりして、楽しめます。この区間の途中にある上り線・談合坂《だんごうざか》SAも付け替えられました。こちらも、旧敷地は空き地のままになっていて、サービスエリア跡を観察することができます。

上り線・猿橋バス停付近は渋滞の名所で交通情報でも名前をよく聞きます。猿橋は、相模川上流の桂川《かつらがわ》に架かる木造の変わった形の橋で、日本三奇橋にも数えられています。川の両岸から部材を持ち送りして中央の桁を支える「刎橋《はねはし》」という構造をしています。前方に岩殿山《いわどのさん》の大きな岩肌が見えてくると、大月IC・JCTへの分岐です。6車線化の際に従来の下り線2車線を分岐路に転用したために、実際のIC、JCTまでは、分岐地点からそれぞれ3・4㎞あります。大月JCTからは富士山の麓へ進む富士吉田線［E68］が分岐していますが、甲府・名古屋方面への本線をそのまま進みます。大月JCTから先は、笹子峠《ささご》に向けての登り坂が始まります。

笹子峠は、山梨県の桂川沿いの地域（郡内《ぐんない》）と甲府盆地（国中《くになか》）を隔てる交通の難所です。中央道は笹子トンネル（下り線・4414m、上り線・4417m）で一気に貫いています。それでも坑口の標高は680mあり、そこまで登るのに前後に5％（最急5・9％）の坂道を必要としています。高速道路としては厳しい条件です。

実は、大月側には黒野田トンネル（下り線・260m、上り線・329m）という短いトンネルがあるのですが、シェッドで接続されて笹子トンネルと一体化されています。

笹子トンネルの上り線では2012（平成24）年に、天井板の崩落事故が起きて9名の方が亡くなりました。従来、長大トンネルでは上部を天井板で仕切り換気用の空間を設けるのが一般的でしたが、この事故をきっかけに全国のトンネルで天井板の撤去が行なわれました。

column

高速道路と鉄道
意外と似ている峠の越え方

交通機関の特性によって、交通路が山嶺のどの箇所を通るか決まってきます。現代の土木技術はトンネル開削という最終手段を持ってはいますが、建設費やその後の維持費を考えると、合理的な範囲で選択されます。そういう観点で峠越えのルートを見ていくと、高速道路は意外と、国道よりも、鉄道に近いルートを選択しているようです。

東京都・神奈川県境の小仏山地越えは、その一例です。徒歩による往来が主だった江戸時代、甲州街道は小仏峠を越えていました。明治13年に明治天皇が山梨県に行幸した際、板輿《いたごし》に乗って越えたといいます。小仏峠には「明治天皇小佛峠御小休所阯及御野立所」の碑が立てられています。小仏峠は頂上が標高548mと高いながら、東側は小仏川の谷がなだらかな勾配で峠の懐深くまで入り込み、西側は桂川左岸の標高300mあたりの段丘が迎えてくれるため、急勾配の区間は直線距離で2km程と比較的短い、一気呵成に越えていくタイプの峠です。

一方、車両交通のために明治21年に開削された新道（現在の国道20号）は最高標高がより低い大垂水《おおだるみ》峠（標高389m）を選びます。東側は案内川の谷にまさに案内される形で緩やかに登っていきますが、西側は急勾配となり、勾配を緩和するために九十九《つづら》折りの道となっています。

鉄道は、何両も車両を連ねるため、道路と同じような感覚で九十九折りにするわけにはいきません。勾配も通常は3・3%が限度とされています。そうした条件下で、できるだけ短いトンネルで済むルートを探すと、小仏峠になります。1901(明治34)年に開通した鉄道(現JR中央本線)は2574mの小仏トンネルを通します。

高速道路も高速で安全、快適に走行できる規格の道路とすると、ヘアピンカーブは向いていません。鉄道と同じく最短でトンネルで貫けることができる小仏峠ルートを選びますが、自動車は鉄道よりも登坂能力があり、より標高の高い地点まで登れるので、中央道のトンネルの延長は鉄道より短くなりました。

同様に、高速道路が鉄道に近いルートを選んでいるのが長野県の麻績《おみ》から長野平野(善光寺平)に至るルートです。鉄道(JR篠ノ井《しののい》線)と高速道路(長野道)は非常に似通ったルートを通ります。共に冠着山《かむりきやま》の下をトンネルで通り抜け、姨捨《おばすて》で長野平野を見下ろしながら西側に迂回し、やがて進路を北に向けて、長野平野外縁の山裾に沿って緩勾配で下りていきます。ルート全体としてS字を描いています。ちなみに、姨捨SAから更埴《こうしょく》JCTまでが12・2km、姨捨駅から篠ノ井駅まで12・5kmと、ほぼ同じ行程距離です。

一方、一般国道403号は麻績から聖高原《ひじりこうげん》に登り、羊腸のごとき道で姨捨の高台に出た後は、江戸時代の西国西往還のルートに沿って長野平野に降りていき、稲荷山《いなりやま》宿《じゅく》に達します。

逆に、高速道路が羊腸のごとき道になっている箇所もあります。中部縦貫道の油坂《あぶらさか》峠道路(岐阜県・福井県)です。約230

中部縦貫道の油坂峠道路。山腹にこれから通るトラス橋が見えている

mの標高差の峠を越えるために、ヘアピンカーブを二つ組み合わせたような線形になっています。見上げると、これから通るトラス橋が頭上に見えています。直線距離で2・7㎞のところを、2倍以上の5・9㎞をかけて走ります。高速で走行できる道路の規格にするためにはこのような線形が必要になるのです。

内津峠（岐阜県・愛知県）では、一般国道19号が旧来からの街道に沿った谷筋を通っていて、1970（昭和45）年のバイパス工事の際にトンネルを掘って道路を平坦化しました。一方、中央道は自ら丘陵地帯を選び、くねくねと曲がった線形をしています。6％の最急勾配もあります。ひょっとしたら、この区間は国道の内津バイパスの方が走りやすいと感じるかもしれません。

CHUO 1-09

行き止まりの支線「富士吉田線」にまつわる位置づけとキロポストの謎

大月JCT［11］から河口湖IC［2］まで22・5㎞の支線が分岐しています。実情は支線ですが、1962（昭和37）年に施工命令が出されたときには、中央道は南アルプスを貫く縦貫ルート（井川を経過地とする）で予定されていましたので、本線の一部でした。今でも路線の形式上は、東京・高井戸〜河口湖ICの高速自動車国道中央自動車道富士吉田線を「幹」として、大月JCTから同中央自動車道西宮線が分岐するように扱われています（ルート変更については186ページも参照）。

富士吉田線のキロポストは東京・高井戸からの通算ですが、本線と位置を混同しないように、300番台となっています。つまり、富士吉田線のキロポストで380とあった場合、百の位の3は富士吉田線の識別数字で、実際の位置は起点から80㎞地点ということを意味しています。

大月JCTは起点から71・4㎞地点と案内されていますが、実際には4㎞以上手前の

66・8キロポスト付近から分岐が始まります。これは、この区間の車線追加工事を行なった際に、従前の下り線と上り線を合わせて下り線用としたためで、旧・下り線（左ルート）が分岐用、旧・上り線（右ルート）が本線スルー用になっています。大月IC［10］も左ルートからしか出入りできませんので、慌てずに標識に従って走行するようにしましょう。

この分岐点付近、車窓前方に垂直に切り立った大きな岩山が見えます。岩殿山です。戦国時代、この岩山の上に小山田氏の岩殿山城が築かれました。武田氏滅亡の折、武田勝頼が落ち延びようとしながら、小山田信茂の離反に遭ってたどり着けなかった城が、ここです。見るからに堅固そうな印象です。岩殿山の下をトンネルで通過します。ジャンクションにたどり着くまでに、さらにトンネルを2本通過します。

富士吉田線は桂川に沿って富士山麓へ向かいますが、大月市の市街地付近には用地が取れないため、支流の笹子川を少し遡ったところにジャンクションがあります。分岐してランプで笹子川を渡り、花咲トンネルを抜けたところで、桂川の流域に戻ってきます。

頭上を大きなアーチ橋が横切りますが、リニア中央新幹線の実験線です。山梨県立リニア見学センターがあり、時々試乗会も行なわれています。

富士山を正面に見ながら走ります。都留《つる》IC［1］は開通当時は大月方面への出入りの

リニア中央新幹線（実験線）が富士吉田線の上を越えていく

みのハーフICでしたが、2011年にフル化され、河口湖方面へも出入りできるようになりました。

富士吉田西桂《にしかつら》スマートIC［1－1］は2018年4月15日に東京方面が開通したばかりです。スマートICですがトランペット型の本格的な構造をしています。河口湖方面へも2018年度に開通の予定です。

河口湖IC［2］を本線をそのまま直進すると、東富士五湖道路へと繋がります。東富士五湖道路は一般国道138号の自動車専用道路で、須走《すばしり》ICまで延長18㎞です。その先、引き続き一般国道138号を通じて東名高速の御殿場ICへ向かうことができます。有料道路ですが、中央道とは別料金になっています。料金区間が2区間に分

正面に富士山を見ながら走る

けられていて、区間ごとにそれぞれ料金を支払う必要があります。
東富士五湖道路は富士山の麓を走りますが、周囲は樹林帯のため、景色はあまり期待できません。
中央道・富士吉田線と東富士五湖道路は一体で案内されることが多く、高速道路ナンバリングではともに［E86］が付けられています。東富士五湖道路のインターチェンジの番号も、中央道・河口湖ICの［2］からの続きで、［3］～［5］が付番されています。
東富士五湖道路から先は、須走道路、御殿場バイパスの建設が進められています。これらの道路を通じて新東名高速の御殿場IC（仮）までつながる計画です。

CHUO 1-10

本来は南アルプスを突っ切る予定だった!? 中央道「井川ルート」とは

河口湖ICには「中央高速　終点」の標識が立てられています。中央高速とは1972(昭和47)年まで使われていた道路名ですので、中央道・富士吉田線の終点を意味します。

しかし、1964(昭和39)年に中央道が諏訪《すわ》経由になるまでは、ここで終わりではなく、さらに西進して、南アルプスを一直線に横切り、長野県飯田市に至るのが本来の中央道のルートでした。経過地に静岡県の旧・井川村(現・静岡市)が含まれていることから、井川ルートと呼ぶことにします。

中央道・井川ルートは幻に終わってしまいましたが、1959(昭和34)年に建設省がまとめた『国土開発縦貫自動車道中央自動車道(東京都・小牧市間)調査報告書』を読むとその詳細を知ることができます。この報告書には有料道路として建設費の償還は不可能という結論が記載されたことから、公表当時、建設推進派はもちろんのこと、マスコミからも無駄な調査として、批判が集まりました。けれども、元々は、中央道の実現可能性

(フィージビリティ)検討のための調査ですので、トンネルや橋梁の構造などもこのまま建設できてしまえそうなくらい具体的に想定されています。同報告書に添付されている計画図を見ながら井川ルートをたどってみましょう。

まず、河口湖IC(富士吉田IC)から西へ向かいます。現在の富士吉田線は、本線を直進すると東富士五湖道路へと続きますが、井川ルートが実現していたら東富士五湖道路の方が分岐する形になっていたことでしょう。

富士山麓の青木ヶ原樹海の中を走ります。精進湖《しょうじこ》ICで一般国道139号(当時の二級国道吉原大月線)に接続します。精進湖ICの予定地は、現在の精進湖民宿村付近に当たります。樹海の真ん中に四角く切り拓いた集落で、航空写真で見ると周囲を森に囲まれた秘密基地のような趣きです。

精進湖ICの標高は920m、次に目指すのは富士川ICの標高210m、その差710mあります。並行する一般国道300号は中ノ倉トンネルを抜けた後は羊腸の峠道ですが、中央道はいったん北へ迂回し、反木川《そりきがわ》沿いに下ってきます。それでも

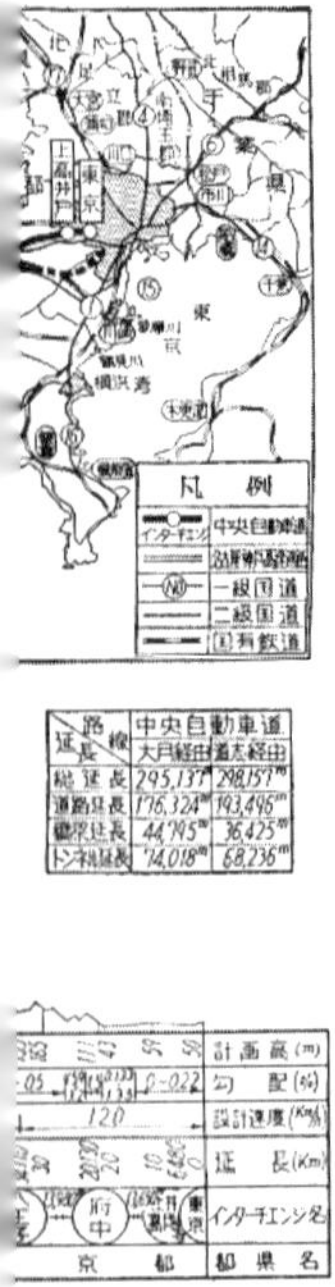

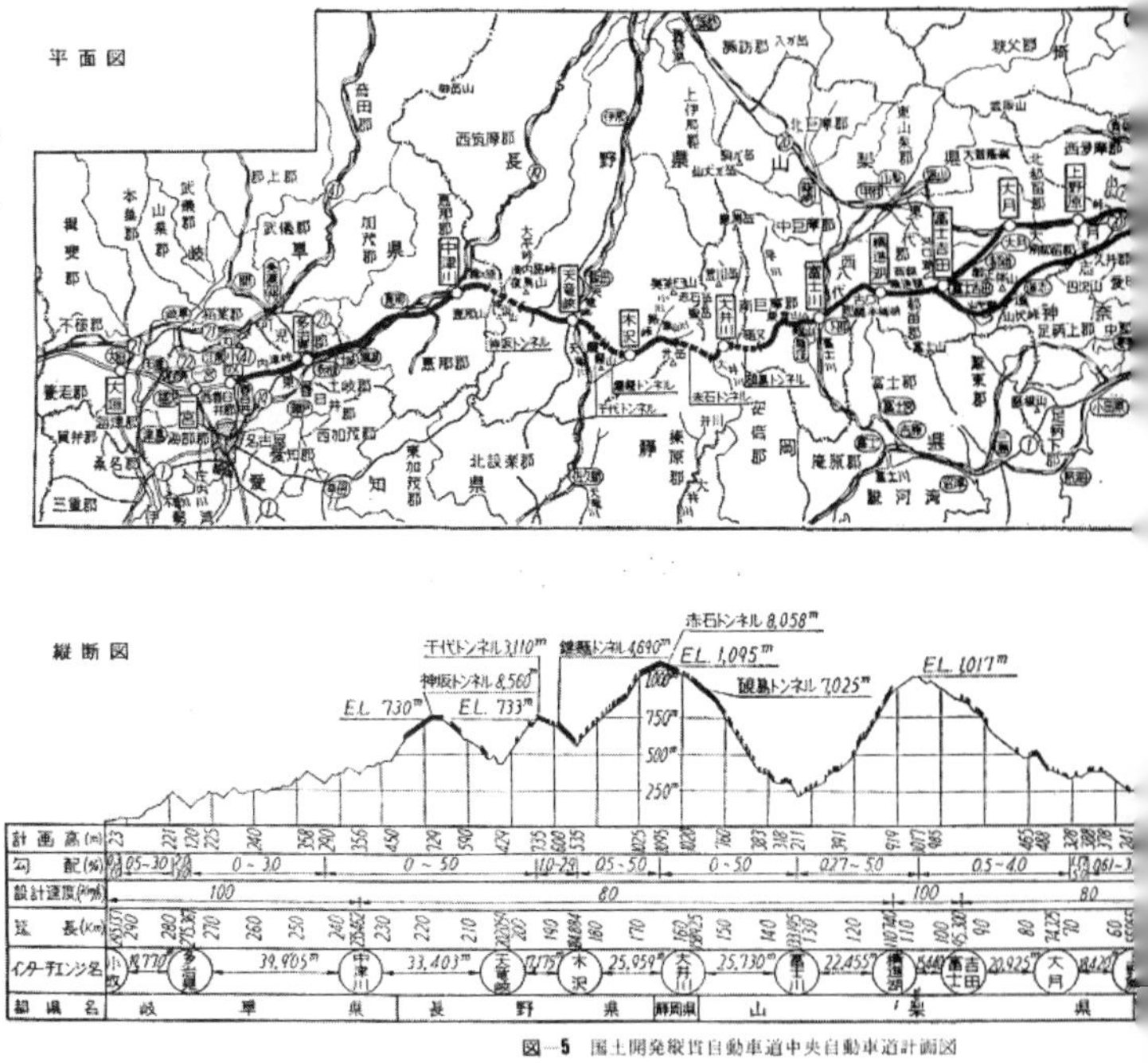

国土開発縦貫自動車道中央自動車道計画図（井川ルート）（『国土開発縦貫自動車道中央自動車道（東京都・小牧市間）調査報告書』より）

5％の勾配が6㎞も続きます。

　このルートの途中、本《もと》栖《す》湖《こ》から700m程しか離れていない所に、水面から40m低い位置にトンネルを掘るため、湖の水を抜いてしまわないか懸念があったという記述が調査報告書にはあります。道路を建設するというのは、いろいろなことを心配しないといけないものです。

　富士川と早川の合流地点付近、富山《とみやま》橋の上流50

m程の地点で富士川を渡ると、富士川ＩＣです。一般国道52号（当時の二級国道清水上田線）と接続します。

早川、さらに支流の雨畑《あめはた》川に沿って、登っていきます。この付近の地質は糸魚川《いといがわ》・静岡構造線に沿った断層や破砕帯があることが知られていたため、トンネルを避けるルート選定がされます。それによって架けられることになったのが雨畑大橋で、長さ５２１ｍ、９径間のトレッスル橋です。当時は、高さ50ｍを超えるような橋脚をコンクリートで作るのは難しいと考えられていたため、橋脚の高さが70ｍ近く必要な雨畑大橋では、鉄骨で櫓状の橋脚を組むトレッスル橋が想定されました。もし完成していたら、同じトレッスル橋だった、ＪＲ山陰本線の旧余部《あまるべ》橋梁（兵庫県香美町《かみちょう》）以上の観光地になっていたことでしょう。

硯島《すずりしま》トンネル（７０２５ｍ）は2・4％の片勾配のトンネルで、ぐんぐん登っていきます。トンネルの入口と出口で１７０ｍの標高差があります。

西側の坑口を出ると、水系が大井川に変わりました。県境も越えて、山梨県から静岡県に入りました。経過地に指定されている井川村とはこのあたりのことです。

大井川ＩＣの設置予定場所を地図で確認すると、畑薙《はたなぎ》第一ダムの上流、青薙山《あおなぎやま》と上千枚山の谷間に当たります。どちらを向いても、比高１３００～１４００ｍはありそうです。

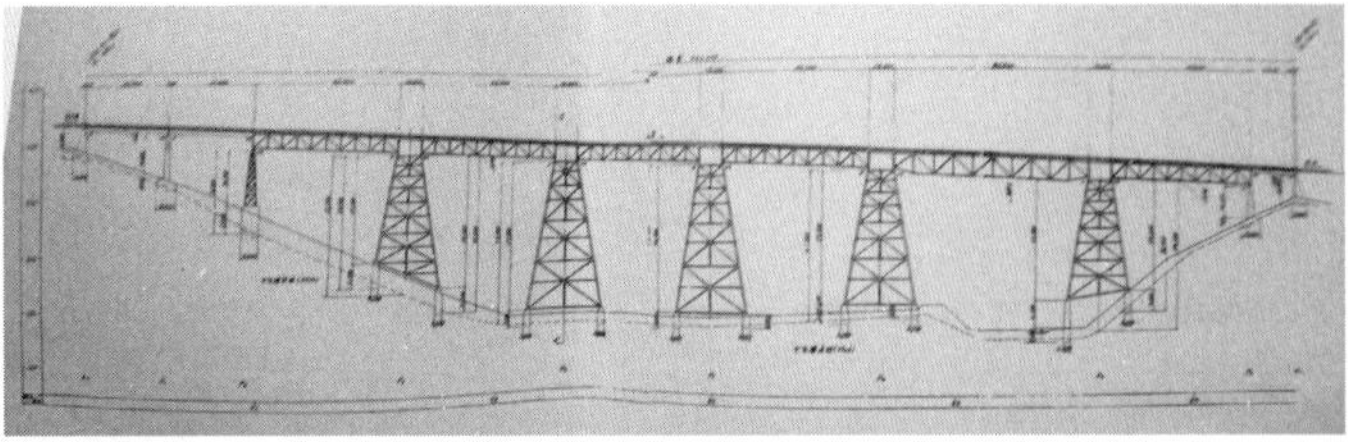

中央道井川ルート・雨畑大橋の一般図。9径間のトレッスル橋梁で計画していた（『国土開発縦貫自動車道中央自動車道（東京都・小牧市間）調査報告書』より）

早川（写真左から右）と雨畑川（手前）の合流地点。雨畑大橋はこの付近に架けられる予定だった

今この地点に行こうとしても、登山道になっていて、一般車両は通行止めになっています。そんな所に高速道路のインターチェンジを作ろうとしていたのですから、驚きとしか言いようがありません。

大井川ＩＣからそのまま西に10・１㎞のトンネルを掘ると、一気に天竜川水系の遠山川にたどり着きます。実現していたら関越道の関越トンネルに匹敵する長大トンネルになっていましたが、当時の計画では延長を短くするルートが検討されました。少し大井川を下った地点から上河内沢に入って、そこから8058mの赤石トンネルを掘ることにしました。

ちなみに、この変更した区間には赤崩《あかくずれ》やボッチ薙といった崩落地形が存在し、道路建設にとっては災厄です。仕方なくトンネルを掘ることにして、井川第1トンネル（1140m）と井川第2トンネル（1735m）が追加になりました。赤石トンネルを1・9㎞短くするために、ルート全体のトンネル総延長ではかえって1㎞長くなってしまいました。

赤石トンネルは両側の坑口から登っていく拝み勾配で、中央道・井川ルートの最高標高地点1095mは、トンネル内で通り過ぎます。現在のルートでの中央道の最高標高地点は1015m、日本の高速道路の中で最も高い地点は東海北陸道の1085mですから、もし井川ルートが実現していたら日本一の座を誇っていたことでしょう。

赤石トンネルの中で長野県に入ります。西口坑口を出ると遠山川の二の股沢です。今度は白薙という崩落地が待ち構えているため、早速トンネルに入ります。

山の斜面にへばりつくようにある下栗《しもぐり》の里（長野県飯田市上村）は「日本のチロル」とも紹介されますが、直下の遠山川は深い谷で、集落から谷底まで500mあります。その谷底を中央道・井川ルートが走り抜けていたことになります。この区間では、遠山川の屈曲部分の内側に水路トンネルを通して流路を付け替え、水のなくなった谷間に赤石トンネルなどの建設で出た残土を埋め立てる計画でした。残土処理と高速道路用地造成を兼ねた一石二鳥のアイディアですが、今日では、環境破壊と指弾されて実現困難でしょう。木沢ＩＣが設置予定の木沢村《きさわむら》上島（現・飯田市）は、森林鉄道の基地や営林署があり、木材の集積拠点でした（２２７ページも参照）。現在では一般国道１５２号になっていますが、当時は県道との接続でした。

標高差500mの遠山川の大渓谷。谷底を中央道が通る予定だった。山腹の斜面に下栗集落がへばりついている

伊那山地を鍵懸《かぎかけ》トンネル（４６９０ｍ）、千代トンネル（３１１０ｍ）という２本の長大トンネルで抜けます。特に鍵懸トンネルは勾配が２・９％という悪条件です。現在の三遠南信《さんえんなんしん》道は、木沢からは大きく北へ迂回し、小川路《おがわじ》峠北側を矢筈《やはず》トンネル（４１７６ｍ）で抜けています。

天竜川を渡ります。中央道・井川ルートの天竜峡ＩＣは、今の三遠南信道の天龍峡ＩＣとほぼ同じ位置に予定されていました。これ以西のルートは、現在の三遠南信道および飯田山本ＩＣ以西の中央道とほぼ同じです。

CHUO 1-11

佐久大明神が蹴破った跡が笛吹川になった!? 勝沼から甲府盆地への快走ルート

井川ルートの空想の旅から、現在の中央道の旅に戻ります。笹子トンネルを抜けると急な下り坂が待っています。最急5・9％の急坂です。上り側は笹子トンネルに向けての登り坂になるため、登坂車線が設けられています。この区間は笛吹《ふえふき》川の支流の日川《ひかわ》の渓谷に沿っています。日川も急流で知られていて、1917（大正6）年に砂防のために作られた勝沼堰堤は、コンクリート堰堤の最初期のもととして技術史的な価値が認められ、登録文化財になっています。

勝沼IC［12］まで来ると勾配も緩くなります。正面には甲府盆地が広がりますが、中央道は盆地南縁部の丘陵地帯を走ります。まず、京戸川の扇状地の扇央部を掘割で横切ります。この京戸川扇状地は典型的な扇状地地形で、モモやブドウなどの果樹栽培が盛んな土地利用と合わせて、地理の教科書にも取り上げられます。

金川を渡ると一宮御坂《いちのみやみさか》IC［13］です。国道137号の新御坂トンネルを通じて富士山麓・河口湖方面へアプローチできる交通の要衝です。付近には甲斐国の一宮・浅間《あさま》神社や国分寺跡もあり、古来より甲府盆地の中心地でした。

甲府盆地を走る中央道。春には沿道に桃の花が咲き誇る

バスストップに併設された笛吹八代《ふえふきやつしろ》ＳＩＣ［13－1］付近は、久しぶりの直線区間です。甲府盆地の中を伸びやかに走ることができますが、スピードの出しすぎには注意しましょう。甲府南ＩＣ［14］を過ぎると笛吹川を渡ります。甲府盆地の中の川は全て笛吹川に集まり、ここから太平洋に流れ出ています。この地には、太古の昔、甲府盆地が湖だったのを、佐久大明神（山梨県中道町）が鰍沢《かじかざわ》の南の山を蹴り破って排水したという蹴裂《けさく》伝説が残っています。

　高度経済成長期に山梨県が整備した国母《こくぼ》工業団地の工場群の脇を通り過ぎると、甲府昭和ＩＣ［15］です。ここから先は八ヶ

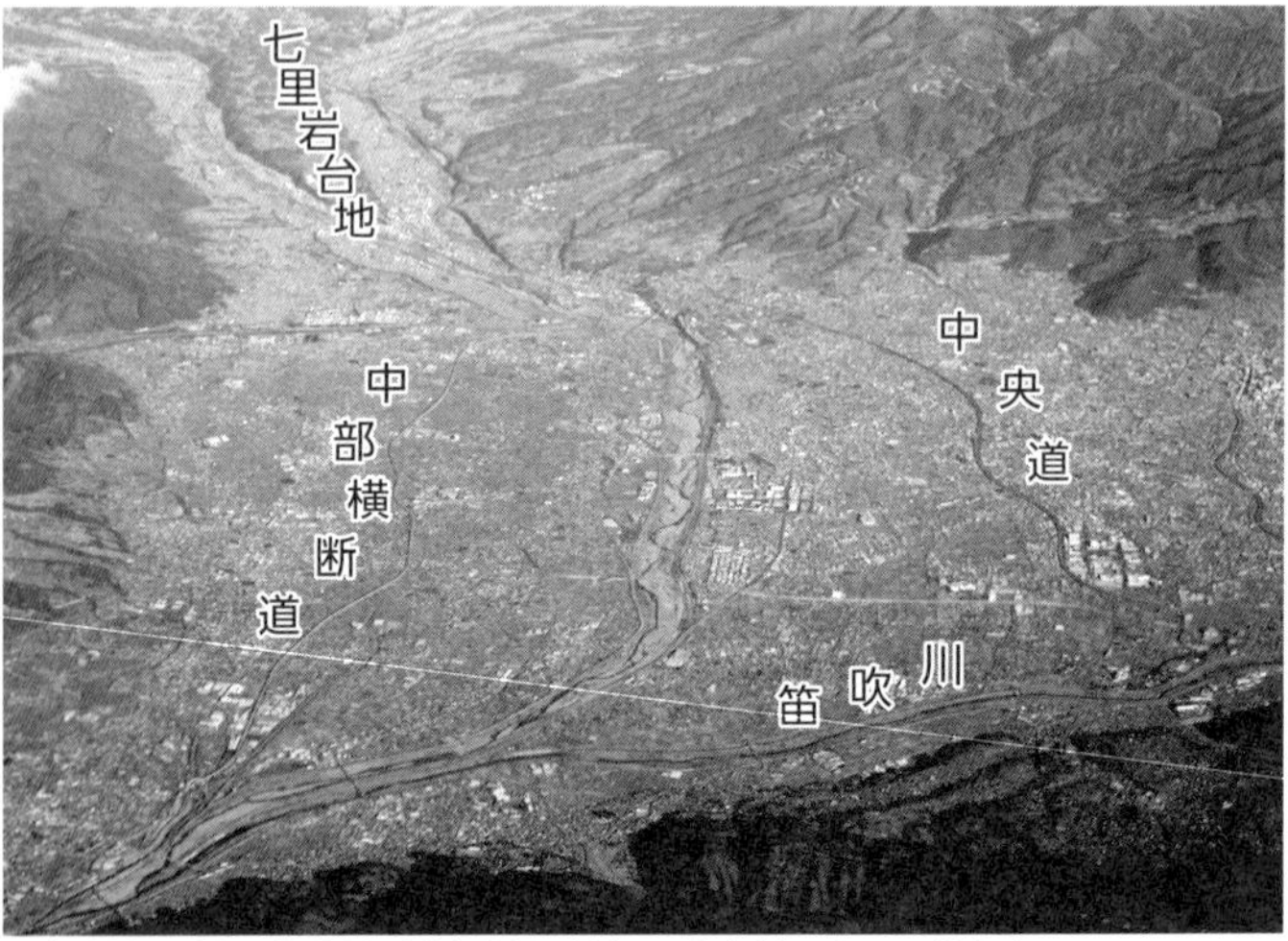

甲府盆地を空撮。笛吹川が釜無川と合流し、富士川となって流れ出ている

岳山麓へのアプローチになり登り坂が始まります。

甲府盆地の区間は1969（昭和44）年までは「北回り」のルートで計画されていました。しかし、北部は住宅が密集し、特に甲府市では武田神社や山梨大学といったコントロールポイントがあり、実際の建設には困難が予想されました。最終的には、南部の開発を目的として現在のルートに決まりました。こうしたことから甲府盆地の区間は建設が遅れ、勝沼IC〜甲府昭和ICが中央道の最後の開通区間となりました。1982（昭和57）年のことです。

北回りルートだったところには、現在、新山梨環状道路・北部区間の整備が進められています。

CHUO 1-12

かつては日本の高速道路の最高地点八ヶ岳山麓を駆け上り、諏訪湖へ

双葉JCT［15－2］から南へ中部横断道が分かれていきます。ここから将来建設が予定されている長坂JCTまでは、中部横断道との重複になる予定です。

少し戻って、双葉SA手前の、117・3kmポスト付近に標高300mの標識が立っています。この地点から中央道最高標高地点1015m（157・3kmポスト付近）に向けて、標高差700m余りを40kmかけて登っていきます。

八ヶ岳は火山で、山麓に裾野が広い緩斜面を形成しています。航空写真を見ると、扇状の緩斜面から、キリンの舌のように細長い台地が南東に向けて伸びています。八ヶ岳の岩《がん》屑《せつ》雪崩が作った台地を、塩川と境川が両側から浸食した七里岩《しちりいわ》台地です。末端に位置する韮崎《にらさき》の地名の由来は、この台地が韮の葉のように細長いことから名付けられたともいわれています。

この箇所は交通手段ごとにルート選択が異なっていますので、見比べてみましょう。

八ヶ岳を正面に見ながら走る。山を目印にした山アテと呼ばれる手法が使われている

国道20号は境川の右岸の低地部を行き、八ヶ岳山麓には我関せずという趣です。鉄道（JR）は韮崎駅を過ぎると七里岩台地に真正面から挑みます。台地上には、流山と呼ばれる小山がいくつもポコポコしています。台地上に登った鉄道は、右に左に流山を巧みに避けながら、登っていきます。

中央道は、最初塩川の左岸側を通っていますが、須玉《すだま》を過ぎたあたりで、塩川の支流の鳩川の谷を利用して八ヶ岳山麓に登ります。こうやって立体地図を眺めながらルートを俯瞰するのは楽しいのですが、実際に走行してみると、急勾配と急曲線の連続でとても疲れる区間です。

韮崎IC［16］と須玉IC［17］の間に緩く広い谷地形を渡る箇所があります。下

中央道最高標高点、1015m

って上るサグ地形で、眺望が開けます。下り線では、いくつものを峰を持ち山容が横に広がっている八ヶ岳の全容を真正面に眺めることができます。山アテと呼ばれる道路デザインです。逆に上り線では富士山を望めます。

長坂ＩＣ［17－1］は後から追加されました。小淵沢ＩＣ［18］付近は、中央道は八ヶ岳麓の緩斜面の等高線に沿って走りますが、接続している県道は直交するため急勾配です。ＪＲ小海線もインターチェンジ付近で大カーブを描いて登っていきます。

県境を越えて長野県に入ります。富士見峠は、富士川水系と、諏訪湖・天竜川水系の分水嶺で、言い換えると、赤石山脈を囲む水の流れはこの峠を頂点としていることになります。富士見峠を通る中央道・諏訪回りルートは、水の流れをたどっても、赤石山脈を迂回しているルートなのです。

そして、富士見峠には中央道標高最高地点があります。標高1015mです。2008（平成12）年に東海北陸道の松ノ木峠PA付近が開通するまでは、日本の高速道路の中での最高地点を誇りました。この付近は標高が高く、赤石山脈と八ヶ岳に挟まれて風の通り道になるので、気象が急変しがちです。冬は積雪や凍結に特に注意が必要な地域です。

諏訪南IC［19］の所在地は原村ですが、諏訪という有名地名を借りています。峠を降り切ると、諏訪湖の湖岸の小さな平野に出ます。そのほぼ中心に諏訪IC［20］があります。諏訪湖畔の軟弱地盤で工事に苦労した所です。ここは、本来、諏訪大社・上社本宮の裏手の山腹を通るルートが想定されていましたが、奥宮のある守屋山との間を遮らないように現在のルートになりました。

西山公園は中央道の建設と共に設けられた公園で、春は桜の名所として知られています。夜はライトアップされます。中央道は公園の裏手を通るので少ししか桜を眺めることができないのが残念です。

岡谷JCT［21］で長野道が分岐します。

CHUO 1-13

実に巧みなルート取りで走り抜ける伊那谷ICの命名も巧みだった!?

天竜川の右岸側へ出ると伊北《いほく》IC［22］です。伊北ICは伊那谷の北という意味で命名されました。伊北という地名はありません。このインターチェンジは辰野町《たつのまち》と箕輪町《みのわまち》のちょうど境界に位置しているため、両町の争いにならないようにとの配慮です。

続いて似たような名前の伊那IC［23］です。国道361号の権兵衛《ごんべえ》トンネルを経て木曽側にも通じています。桜で有名な高遠《たかとお》への最寄りのインターチェンジでもあります。

中央道は木曽山脈麓の竜西《りゅうさい》台地を、山寄りの標高700～750mの地帯を南北に通り抜けます。この台地には、所々に、木曽山脈から流れ出る天竜川の支流が深い渓谷を刻んでいて、地元では田切《たぎり》と呼ばれています。在来の道路や鉄道が田切を越えるためにいったん谷底に降りて、川を渡り、また台地上に登るというΩ形の線形をしているのに対して、中央道は連続して高速走行が可能なように標高もほぼ一定です。

そのために、与田切橋280m、中田切川220mという、1975（昭和50）年の開通当時としては長大な橋をかけて田切を跨いでいます。

田切は下流に行くほど谷の幅が広がりますから、もし中央道が飯田街道に沿った市街地近くや、市街地よりも下流で天竜川に近いルートを選んでいたとしたら、1000mに近い長大橋が必要になっていた可能性があります。国道153号のバイパスとして市街地より下流側（東側）に伊南《いなん》バイパスの建設が進められていますが、伊南バイパスの与田切大橋は658m（2012年開通）、中田切川を越えている4号橋（建設工事中の呼称）は990mです。同じ川を越えるのに、中央道の橋と比べて3倍から5倍の長さの橋を惜しげもなく架けているのは、この40年間での土木技術の進歩といえます。

古来の街道で、現在の中央道とほぼ同じルートを通っているものがあります。江戸時代初期に拓かれた春日街道です。あまりに直線的なことから戦後時代の武田信玄の棒道を連想させ、軍用道路だったという説もありました。ただ、既存の集落から離れていたこともあり、すぐに廃れてしまったようです。駒ケ根《こまがね》IC［24］近くの太田切川の川原からは、春日街道の橋の礎石だっと見られる加工された石が見つかっています。

松川IC［25］には、中央道がこの地を通ることが決まった当初に地元の松川町にインターチェンジ設置の話が持ちかけられたのを、一度辞退したエピソードがあります。

飯田IC［26］がある飯田市は伊那地方の主邑《しゅゆう》で、城下町です。飯田城は松川とその支流の谷川に挟まれた舌状《ぜつじょう》台地の上に位置しています。中央道は市街地の西側を迂回しています。

飯田山本ＩＣ［26－1］は三遠南信道・飯喬《いいだか》道路とのジャンクションを兼ねています。三遠南信道は一般国道474号の自動車専用道路で、通行料は無料です。本線式の料金所を通過して、そのまま直進すると天竜峡方面へ、オフランプを出ると一般道の一般国道151号に接続します。危険物積載車は、この先の恵《え》那山《なさん》トンネルの通行が規制されていますので、飯田山本ＩＣで降りることになります。

西竜台地を堀割で進む中央道

田切を渡る中央道（写真左）。右に見える一般道は一度谷底に降りるΩ形線形をしている

CHUO 1-14

かつて日本一の長さだった恵那山トンネルで木曽山脈を抜けて伊那谷から恵那峡へ

伊那谷を南下していた中央道は、阿智村《あちむら》の駒場付近で90度向きを変え、西に向かいます。恵那山トンネルで神坂《みさか》を越えて、木曽谷の中津川を目指すためです。これ以西の区間は、昭和34年に当時の建設省が調査した井川ルートから大きく変わっていません。その意味では、恵那山トンネルは縦貫道構想の忘れ形見とでも言うべき存在です。

恵那山トンネルまでのアプローチは天竜川の支流の阿智川の谷に沿って行きますが、この区間も急勾配、急曲線の連続です。恵那山・神坂越えの手前に、標高1133mの網掛《あみかけ》山《やま》が立ちはだかります。この網掛山は地質が脆く、山腹に道路を建設しても土砂崩れを防いで維持していくのが困難なため、トンネルを掘ることになりました。長さ1940mの網掛トンネルです。

園原《そのはら》IC［26－2］は恵那山トンネルの伊那谷側坑口を出たところに設けられたインターチェンジですが、名古屋方面への出入りに限定されたハーフ・インターチェンジです。

恵那山トンネル（中津川側坑口）

園原は歌枕として知られ、源氏物語でも「帚木《ははきぎ》の心もしらで園原の道にあやなくまどひぬるかな」と歌われています。

　恵那山トンネルは、１９７５（昭和50）年に開通した下り線が延長８４８９ｍ、１９８５（昭和60）年に開通した上り線が延長８６４９ｍあります。下り線のトンネルの開通時点で道路トンネルとしては日本１位、世界でも2位の長さを誇りました。現在でも日本第6位です。

　防災対策として延長５０００ｍ以上のトンネルには危険物積載車の通行が規制されていますが、恵那山トンネルの開通に合わせて定められたものです。

　また、長大トンネルではトンネル内でもＡＭやＦＭラジオを聞くことができるラジオ再放送設備が設けられていますが、これも、恵那山トンネルの開通を契機に本格的に導入されました。非常時や注意喚起が必要な時にはラジオ放送を中断して、道路管理者からの放送を割り込ませることで、通行する車両への緊急情報伝達手段の一つになります。

延長が8500mにも及ぶ恵那山トンネルですが、この長さに決まったのには理由があります。ルートの比較検討段階で、トンネルの延長を短くするために清内路《せいないじ》峠を迂回する案も検討されましたが、その分アプローチまでの距離が長くなり全体としての経済性が劣るため、現在のルートが選ばれました。また、中津川側で気象観測を行なったところ、標高760m以上になると急に霧の発生頻度が増え、開通後の交通に支障が及ぶおそれがあることがわかりました。こうして現在の標高657mの位置が坑口に選ばれ、その地点から飯田側に掘り進んだ場合のトンネルの長さも自ずから決まることになったのです。延長8500m級というのは奇しくも、1969（昭和34）年に建設省が調査した神坂トンネルとほぼ同じ長さでした。

恵那山トンネルは難工事が予想されてはいましたが、実際に掘り進めてみると、その予想以上の断層に悩まされることになりました。結果的に132の新層（異なる地層）を掘り抜いたといいます。恵那山トンネルの竣工は日本土木史上の快挙ともいえる出来事で、昭和天皇から、日本道路公団理事の三《み》野定《のさだむ》をはじめ関係者7名に賜杯が授けられました。

ＪＲ東海が進めている中央リニア新幹線も木曽トンネルで貫くことになりますが、中央道・恵那山トンネルが遭遇した破砕帯を避けるようにルートを選んでいます。

恵那山トンネルの途中で、岐阜県中津川市神坂地区に入ります。１９５７（昭和32）年、国会では国土開発縦貫自動車道建設法の審議がもめていた同じ頃、この地では長野県神坂村が岐阜県中津川市に越県合併するということで紛糾していました。神坂村にある中山道の宿場町・馬籠《まごめ》は文豪・島崎藤村の生誕地でもありました。長野県としては愛着のある土地で、手放すわけにはいきません。そのため、馬籠地区など3集落は同県山口村と合併し、湯舟沢地区を中心とした残りは岐阜県中津川市と合併をするという、越県分村合併を選ぶことになりました。その47年後、２００５（平成17）年に、今度は長野県山口村自体が越県して岐阜県中津川市と合併してしまい、現在では馬籠の地も岐阜県になっています。もし、これらの騒動がなければ、恵那山トンネルは長野県内で完結していました。

上り線の恵那山トンネル手前に、延長４００ｍの神坂トンネルがあります（下り線にはありません）。かつての計画ではメイントンネルの仮称にも名付けられていた名前ですので、ふと旧友に再会したような懐かさを覚えます。

中央道は、木曽川支流・落合川の谷に沿って標高を下げていきます。この区間も急勾配、急曲線が続きますので、運転には注意してください。

column

「土地を買収するよりトンネルを掘る方が安い」といわれるが…？ トンネルの経済性

山は上に向かって先細っていきますから、標高の低い麓と麓を結ぶようにトンネルを掘ると、交通の便がいい半面、トンネルが長大になり建設費がかさみます。逆に標高が高くなればなるほどトンネル自体の長さは短くなり建設費は安くできますが、そこまで登っていくための取り付け道路が長くなり、途中の谷や峰を越えるための橋や別のトンネルが必要になって、道路全体での建設費が増えてしまう場合があります。そうなっては本末転倒です。

中央道の恵那山トンネルでは、最短では延長3000m案もありましたが、アクセス部分の経済性も含めてトータルで勘案すると現在の8500m級のトンネルの方が経済的という結論になりました。

地形によってはトンネルを掘るのが現実的ではない場合もあります。

例えば、中央道の標高最高地点は富士見バスストップ付近の1085mですが、ここを山頂として、長坂IC付近の標高710m地点と諏訪IC付近の標高760mを結ぶトンネルを想像してみると、延長30kmにもなります。トンネルにしてしまうと清里や野辺山《のべやま》、釜無《かまなし》渓谷といったリゾート地へのアクセスも不便になります。このようななだらかに続く高原上の地形はトンネルに不向きです。

では、実際にトンネル建設にはどれくらいの費用が掛かるものなのでしょうか。恵

様々なルート案が検討された恵那山トンネル。トンネルの延長は最短で2915m案もあったが、採用されなかった(『恵那山トンネル工事誌』より)

那山トンネルでは、Ⅰ期工事(下り線)が340億円、Ⅱ期工事(上り線)も含めた全体の工費は891億円でした。延長8500mのトンネルとみなして単純計算すると1m当たり1048万円になります。笹子トンネル(上下線2本)の場合は、総工費270億円、延長4700mとして計算すると1m当たり574万円です。比べると恵那山トンネルの単価が高いように思えますが、先進(補助)トンネルを並行して建設したため、掘り抜いたトンネルの数は笹子トンネルの2倍の4本あります。

トンネルの建設費は地質や地圧(地表までの土被りの長さ)などの条件によって左右されますが、長さが長くなればなるほど、補助トンネルの建設や換気、保安などの付帯設備の費用がかさみがちです。

CHUO 1-15

複雑な地形の中を巧妙に駆け抜けて東濃から小牧JCTへ

東濃《とうのう》地域は、濃尾《のうび》平野から木曽谷《きそだに》へと続く回廊をなしていて、中央道を始め一般国道19号、JR中央本線といった交通路が並行して通っています。ですが、このあたりの木曽川は下刻して平地を作らないため、地形的には標高100〜400mの丘陵地帯です。平地は、恵那山地から流れ出る河川が土砂を押し出した扇状地か、土岐川《ときがわ》（庄内川）が蛇行して作る平坦地に限られます。こうした小盆地ごとに村邑《そんゆう》が成立し、東から中津川、恵那、瑞浪《みずなみ》、土岐、多治見《たじみ》の各市が連坦しています。

中央道はこれらの都市を結んでいますが、丘陵地帯を走るために急勾配と急カーブが連続している走りにくい区間です。

中津川市街は、木曽川支流の中津川や四ツ目川が形成した扇状地の上に成立しています。中央道の中津川IC［27］は標高360m付近にありますが、中津川市役所が323m、JR中央本線・中津川駅は300m付近に位置します。こうした斜面に市街地が発達しました。山麓では栗栽培が盛んで、栗きんとんは中津川の名物です。

次の恵那市の中心部は、恵那山から流れ落ちる木曽川の支流・阿木川《あぎがわ》が作り出した平坦地に立地しています。中山道の宿場町・大井宿として栄え、尾張藩の木曽支配の拠点となる白木番所も設けられました。

恵那IC［28］を過ぎた所で槇ヶ根《まきがね》峠を越えます。槇ヶ根峠が分水嶺となり、ここから先は木曽川ではなく土岐川の流域になります。槇ヶ根はまた、江戸時代の街道の分岐点でもありました。丘陵地帯を越えて現在の御嵩町《みたけちょう》へ向かう中山道《なかせんどう》（上街道）に対して、名古屋に向かう脇街道である下街道が分かれていました。中央道を始め現代の交通路も、下街道に沿います。

小牧JCT。写真右手から中央道が東名高速に合流する

瑞浪IC［29］と土岐IC［30］の間は4・5㎞しか離れていません。これは、1966年の整備計画時点には土岐ICの計画がなく、後から追加になったためです。

土岐JCT［30－1］で中央道は東海環状道と接続します。東海環状道は名古屋を中心に半径30～40㎞圏に建設が進められている環状道路で、東名・新東名高速や東海北陸道とを郊外で連絡しています。

多治見IC［31］の料金所を出た所に美濃焼街道のモニュメントがあります。これまで通ってきた瑞浪、土岐、多治見は、良質の陶土を産出することから焼き物の生産が盛んな地域です。美濃焼と呼ばれ、陶磁器生産の国内シェアの半分を占めています。

中央道は東濃地域を抜け、最後の難所、内津《うつつ》峠に向かいます。最急勾配6％の坂が待ち構えています。内津峠で県境を越えて、愛知県へと入ります。

小牧東IC［32］は1979（昭和54）年に追加になったインターチェンジで、2014年までは東小牧インター有料道路で一般国道19号と接続していました（現在は無料開放）。桃花台《とうかだい》団地の中を掘割で進むと、中央道の終着点、小牧JCT［23］はもう間近です。一つ「手前」の小牧東ICの番号は［32］ですが、小牧JCTの番号は合流先の東名高速を基準に割り振られていますので［23］になっています。

小牧JCTは、Y字型のジャンクションになっていて、ランプでの速度を落とすことなく合流ができるようになっています。幹線同士の合流点らしい堂々とした形です。

東京・高井戸から344・3㎞。中央道の旅はここまでですが、国幹道あるいは高速道としての「中央自動車道」は、この先、名神高速と道路名を変えて、兵庫県西宮《にしのみや》市の西宮ICまで続きます（117ページ参照）。

第2章

SAPAってこんなに楽しい！

エンタメと歴史を秘めた高速道路のアクセント

中央道・双葉SA

CHUO 2-01

サービスエリアは設備がたくさん、パーキングエリアはこぢんまり？ でもそんなこともなさそう、SAとPAの違い

高速道路では計画的に一定間隔で休憩施設が配置されています。これは、一般道路とは異なり、商業施設を出店（連結）することができないということ、長距離を高速運転するため適宜休憩やトイレ、食事をするための施設が必要であるためです。また、有料道路のため、休憩や食事の度にインターチェンジを出入りすると料金が割高になるということも配慮されています。アメリカやドイツなど高速道路が無料で利用できる国では、インターチェンジを出た場所にある商業施設を案内することもあります。日本でもETC2・0を用いて、指定された道の駅を利用するとインターチェンジを出入りしても料金が変わらないという試行も行なわれています。

高速道路の休憩施設には、サービスエリア（SA）とパーキングエリア（PA）があり、サービスエリアは50kmごと、パーキングエリアは15kmごとに設けることになっています。前者はその名の通りドライバーに各種サービスを提供するためのもので、フードコート以

外にもきちんとした食事ができるレストランや、ガソリンスタンドなどの施設を整えることになっています。利用1回当たりの滞在時間（小型車）も25分で想定されています。後者は、後者は休憩やトイレのための短時間駐車（パーキング）のためのもので、滞在時間は15分の想定です。

東海北陸道の川島PAに隣接する川島ハイウェイオアシス（河川環境楽園オアシスパーク）

サービスエリアやパーキングエリアの滞在時間の想定は何のためにあるかというと、トイレの数を計算するためです（それ以外の試算にも用いられることはあると思いますが）。駐車スペースの数、大型車・小型車ごとの乗車人数などの係数に、滞在時間（＝回転率）を掛け合わせて、1時間当たり何人が滞在しているかを計算しその人数に必要な便器の数を算出するのです。もちろん男女別です。最近の休憩施設ではトイレの整備に力を入れていて、特に女子トイレの待ち行列を減らすようにしているそうですので、こうした計算式も見直されていることでしょう。

さて、サービスエリアとパーキングエリアの違いですが、現在では両者の違いはあまりなくなってきています。むしろ、パーキングエリアの方が小回りが利き、テーマ性を強く打ち出せているところも出てきました。パーキングエリアだから「サービス施設」がないというわけでもありません。利用者からしても、急にトイレに行きたくなったと時にサービスエリアとパーキングエリアを選り好みしている意味はありません。両者を含めて、休憩施設間の最大距離は25㎞が目途とされています。

それでも何か違いはないものかと仕様書を見比べてみたところ、サービスエリア特有の設備としてはフラッグポール（掲揚台）がありました。確かにサービスエリアで国旗と高速道路会社の会社旗がはためいているのを見かけます。けれども、交通量の少ない路線・区間のサービスエリアではフラッグポールが設置されていない所もありますので、明確な違いにはなりませんでした。結局、自称に従うしかないようです。

民営化によって高速道路の休憩施設の位置付けも大きく変わりました。民営化前は道路の公共性が強く意識され、日本道路公団が道路管理者としてあり、財団法人道路サービス機構（Ｊ－ＳａＰａ《ジェイサパ》）と財団法人ハイウェイ交流センター（ＨＥＬＬＯ《ハロー》 ＳＱＵＡＲＥ《スクエア》）が道路敷地を占用して建物や施設を作るという仕組みでした。

それが、民営化によって、サービスエリアやパーキングエリアの土地・建物共に全て各高速道路会社の保有になり、各社の下にＳＡＰＡ事業の事業子会社がそれぞれ作られました。高速道路の「道路用地」は高速道路機構の保有資産ですが、SAPA用地は各高速道路会社が自社資産として有効に使える経営資源となっています。将来、高速道路債務の返済が完了した際には道路は無料開放されますから、その時の各高速道路会社のメインビジネスはSAPA事業になります。

こうした中で出てきたのが、サービスエリア・パーキングエリアを商業施設として活性化させようとする動きです。NEXCO中日本の管内では、サービスエリア・パーキングエリアの商業施設の統一ブランドとしてEXPASA《エクスパーサ》を展開しています。中央道では下り線・談合坂SAの商業施設がEXPASAです。

一方で、東海北陸道のひるがの高原SAのように、第三セクターがSAPA事業を行なっているところもあります。

また、サービスエリアやパーキングエリアに連結する形で、別の行楽施設が設けられる形もあります。ハイウェイオアシスです。東海環状道の鞍ヶ池《くらがいけ》PAや、東海北陸道の川島PA、城端《じょうはな》SAなどに併設されています。利用者には区別しづらい面もありますが、ハイウェイオアシスは休憩施設という枠を超えてそれ自体が娯楽・観光施設としての魅力を備えています。公園や、水族館、温泉・クアハウス、スキー場などの施設がハイウェイオアシスとして連結されています。

CHUO 2-02

地名、山名、嘆きの声まで!? 中央道のSAPAの名称の謎

高速道路のインターチェンジの名称は、基本的には所在地の自治体名や地名に由来しますが、サービスエリアやパーキングエリアは著名な地点名や地域名から選ぶこともできるようになっています。それによって、その土地の風土や景観をより豊かに想像させてくれます。逆に自治体内での大字や区名が選ばれることもあります。ここでは中央道のサービスエリアとパーキングエリアの名称の由来を探ってみたいと思います。

まず中央道のサービスエリアとパーキングエリアの名称で目に付くのが、山に因んだものです。八ヶ岳PA、駒ケ岳SA、屏風山《びょうぶざん》PAが挙げられます。八ヶ岳と駒ケ岳はそれぞれの地域での秀峰として知られていて、中央道を走っていてもその姿は印象的です。屏風山は主峰の標高が794・1mの連山で、屏風山PAから眺めると文字通り屏風のように連なっているのが見えます。関東ではあまり名前は知られていませんが、現地から眺めるとなかなか迫力のある山です。

屏風山PAから眺めた屏風山

虎渓山《こけいざん》ＰＡは上り線だけにしかない変則的な形をしています。このパーキングエリアは、当初の計画には入っておらず、地元からの要望で１９７１（昭和46）年に追加で設置が決まったという経緯があります。名前も変わっていて、実は虎渓山という山はありません。虎渓山とは虎渓山永保寺という臨済宗《りんざいしゅう》南禅寺派のお寺の山号にちなむものです。永保寺は夢窓疎石《むそうそせき》により１３１３（正和２）年に創建された古刹《こさつ》で、境内の観音堂と開山堂は国宝にも指定されています。庭園も国の名勝に指定されていて、池越しに観音堂を望めます。虎渓山はパーキングエリア所在地の字名にもなっています。

また、峠にちなむものも神坂ＰＡ、内津

峠PAがあります。いずれも歴史ロマンを秘めたもので、筆者などは無碍《むげ》に通り過ぎるわけにもいかず、用もないのに立ち寄ったりしています。神坂（峠）は律令時代の東山道《とうさんどう》の峠として知られ、峠の神坂峠遺跡からは、当時の峠越えの祭祀に用いられたと思われる遺物が出土しています。かつては神坂村があり、現在もパーキングエリアの所在地の地名になっています。内津峠も『日本書紀』に記述があり、日本武尊《やまとたけるのみこと》が峠越えの際に部下の建《たけ》稲種命《いなだねのみこと》の水死の報を聞いて、「あゝ現《うつつ》かな」と嘆き悲しんだことが地名の由来とされています。中山道の難所の一つとしても知られていました。

峠まではいきませんが、坂というと、談合坂SAも面白い名前です。この由来には四つの説がありますので、別のところでじっくりとご紹介したいと思います。

お寺にちなむPAの名称も、先ほどご紹介した虎渓山PAの他に、釈迦堂《しゃかどう》PAと座光寺《ざこうじ》PAがあります。釈迦堂PAは直接的には所在地の地名（小字）ですが、元々は釈迦如来を祀った御堂（釈迦堂）があったことに因んでいます。釈迦堂の地名は、中央道の建設中に多量の土偶が出土した釈迦堂遺跡群でも知られています。

座光寺PAは、所在地が長野県飯田市座光寺（旧座光寺村）ですが、座光寺（坐光寺）というお寺が地名の由来です。現在は長野市にある善光寺は元々は当地にあり、旧名を座光寺といいました。いわば善光寺創建の地ということで、元善光寺としても知られていま

虎渓山PAの名称の由来となった虎渓山永保寺。「山」は寺院の山号

す。JR飯田線の駅名は元善光寺駅となっています。

パーキングエリアの変わった命名として、中央道原PAを忘れてはいけません。所在地が長野県原村ですので単に原PAでいいはずなのですが、中央道原PAと「中央道」が付けられています。これは、東名高速道路に原バス停があったためそれとの区別で付けられたといわれています。東名高速道路の原バス停の方は既に廃止されていて、今となっては原を名乗る施設はここだけなのですが、名称は中央道原PAのままです。中央道を走っているのに「中央道」を繰り返し言うのも変なので、標識では、「中央道」の文字が一回り小さく遠慮がちに書かれています。

CHUO 2-03

甲州街道の宿場がSAになった!? 何を「談合」したか諸説ある談合坂SA

談合坂SAは、下り線が東京・高井戸起点から55・7km、上り線が57・6kmにある、東京に一番近いサービスエリアです。下り線の場合は東京圏の渋滞を抜けてほっと一息、上り線の場合はお土産を買ったり、小仏トンネルの渋滞に備えて休憩ということで、利用される方も多いのではないでしょうか。場合によっては上り線の渋滞が談合坂SAまで伸びてきていて、渋滞に巻き込まれるくらいならばと時間調整に使うこともあるかもしれません。

下り線はNEXCO中日本のEXPASAブランドとして展開されているサービスエリアで、フードコートや商業施設も充実しています。

そうした用事があって立ち寄る以外に、「談合」という言葉の響きがおかしくて、つい立ち寄ってしまいたくなるサービスエリアでもあります。この談合坂という由来については四つの説があり、サービスエリア内でも解説してあります。

EXPASAブランドで展開されている下り線の談合坂SA

（1）近隣部落の寄り合いの場所として、この付近で話し合いが行われた

（2）戦国時代に北条《ほうじょう》氏と武田《たけだ》氏が和議調停などの交渉ごとをした

（3）武田信玄の娘が北条氏に嫁ぐ際、婚儀の約束事について話し合った

（4）この付近には犬目（イヌ）鳥沢（キジ）猿橋（サル）百蔵山（モモタロウ）という地名が揃っており、桃太郎の家来となる約束として談合坂（ダンゴ）をもらった

中には無理やりこじつけたようなものもありますが、何らかの話し合いの場ではあったようです。

戦国時代の武田氏や北条氏に関わる説も後世の創作の可能性がありますが、この地域が両者の領地の境目であったことは確か

甲州街道の旧道に残る恋塚の一里塚。江戸日本橋から21里(約84km)地点にある

です。サービスエリア近くの矢坪坂《やつぼざか》では両軍の衝突も起き、矢坪坂古戦場として伝えられています。談合坂SA(下り線)から700m程東には、武田氏側の前線基地として設けられた長峰砦《とりで》跡がありました。中央道の6車線化拡幅工事で消滅してしまい、現在は故地の石碑が立てられています。こうした地域の歴史を知ることで、談合という言葉にもより興味が湧いてきます。

江戸時代になると甲州街道が整備されますが、そのルートは現在の中央道と並行しています。下り線の談合坂SAは野田尻宿、上り線は犬目宿にそれぞれ隣接しています。かつて旅人が疲れを癒した宿場は、今日のサービスエリアというわけです。旧道には甲州街道の一里塚が残されています。

CHUO 2-04

右の山は何？　左の稜線は？ 中央道から見える山・SAPAからの山岳展望

中央道は、中部地方の内陸部を、周囲を山に囲まれて走ります。走行中の車窓にも自ずと山岳風景が広がりますが、休憩の時にじっくりと楽しめるサービスエリアやパーキングエリアからの山岳展望をご紹介します。

まずは富士山です。ビュースポットがありすぎて困りますが、下り線・初狩《はつかり》PAから眺める富士山は欠かすことができないでしょう。宮川の谷間がちょうど「窓」になって、一層印象強い富士山です。手前には中央リニア新幹線の実験線も見えますが、覆いが架けられていて走行中の車両は残念ながら見えません。

双葉《ふたば》SAからは甲府盆地を挟んで富士山を眺めることができます。上下線どちらからも眺めることができます（徒歩で往き来できます）が、筆者のおすすめは下り線側にあるハーブガーデンです。散策しながら富士山を眺めることができます。

八ヶ岳PAはその名の通り八ヶ岳の麓にあり、八ヶ岳を望むことができます。ですが、南側からの眺望になるため、連峰最高峰の赤岳（標高2899m）は隠れてしまっています。むしろ南側の南アルプスの稜線に、たんこぶのように飛び出ている甲斐駒ヶ岳の方が筆者は好きです。手前の電線が邪魔ですが、園地からきれいに眺めることができるポイントがあります。また、広河原峠の鞍部から日本で2番目に標高が高い北岳（標高3193m）も顔を出しています。

この他にも、駒ヶ岳を主峰とする木曽山地、恵那山、屏風山と、中央道の沿線は名峰揃いです。紙幅の都合

初狩PAからの富士山

八ヶ岳PAからの甲斐駒ヶ岳

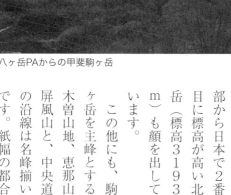

小黒川PAに設置されている「フォトフレーム」。手軽にカワイイ写真が撮れる

で、とても全ては紹介しきれません。中央道の多くのサービスエリア・パーキングエリアにはそこから見える山岳展望の解説板が設置してありますので、手がかりにしながら、山並みを眺めてみるとよいでしょう。

下り線・釈迦堂ＰＡや下り線・双葉ＳＡには展望台がありますので、登ってみると一段と景色を楽しむことができます。特に釈迦堂ＰＡは扇状地の桃畑の中にあり、春になるとピンクの桃の花が一面に咲き誇ります。

また、下り線・小黒川《おぐろがわ》ＰＡには「フォトフレーム」があって、南アルプスを背景に額縁に入ったような写真を撮ることもできます。

CHUO 2-05

美しい湖を見下ろす名物サービスエリア・諏訪湖SA上下線それぞれにある温泉に、重大な違いが！

諏訪湖SAは東京・高井戸から178・1kmの地点（下り線）にあるサービスエリアで、中央道のちょうど中間地点に位置します。その名の通り、諏訪湖を見下ろす高台に立地しています。諏訪湖に面した上り線側からはもちろんのこと、下り線側も上り線より一段高い場所に設けられていて、どちら側からでも十分に諏訪湖の眺望を楽しむことができます。上下線とも建物や園地が湖側に来るように考慮して配置されていますので、上空から見ると非対称な形のサービスエリアになっています。

テラスが設けられていますのでサービスエリアのカフェで買ったコーヒーを片手に、景色を楽しむのもいいでしょう。目を東に移せば八ヶ岳の稜線も望めます。

昼間の景色もいいですが、夜景も楽しめます。下諏訪の温泉街や岡谷市街地の明かりが湖対岸に瞬いています。夏の湖上花火大会の際は大変混雑し、満車で入れないこともありますので、前後のパーキングエリアの利用も考えたほうがいいかもしれません。

冬、諏訪湖は一面結氷します。その氷が昼夜寒暖の差で盛り上がり、湖面に筋を作るという現象が起こることがあります。御神渡《おみわた》りです。御神渡りは、湖畔にある諏訪大社上社の男神が、下社の女神のもとに通った道筋だといわれています。諏訪湖ＳＡは「恋人の聖地」にもなっていますので、こういうロマンチックな話も似つかわしいですね。

実は諏訪湖ＳＡは、諏訪湖だけでなく、諏訪地方の魅力をぎゅっと集めたサービスエリアです。諏訪大社（御柱祭《おんばしらまつり》）、諏訪のグルメや工芸ブランド、温泉、全てがあります。

下り線側の２０１７年のリニューアルを機に、フードコートに諏訪大社上社・御柱のメデドコが展示されました。御柱祭は「７年に一度」寅《とら》と申《さる》の年に開催される諏訪大社の祭事で、神社の四方に高さ20ｍもの樅《もみ》の木を立てます。重さ15ｔにも及ぶ巨木を切り出し、里の集落を曳き通して、神社に奉納します。上社では御柱にメデドコという角を付けて、大きく左右に揺らしながら、里曳きをします。サービスエリアに飾られているメデドコには龍の縄細工もあり、筆者が訪れた時は中国からの観光客にも人気でした。

諏訪湖SAと諏訪湖

諏訪湖SAのハイウェイ温泉（上り線）

グルメも充実しています。信州名物のおやき、馬肉を使った「さくら丼」、地元で人気のパン屋のカヌレなどが楽しめます。あと、意外ですが、諏訪というとおぎのやの「峠の釜めし」（信越本線・横川駅の名物駅弁）を思い浮かべる人も多いようです。同社経営のドライブインが諏訪にあり、学生の頃、スキーバスで立ち寄って食べた時の味が忘れられないという40代前後の人が、諏訪湖ＳＡに出店している「峠の釜めし」を懐かしそうに買い求めていました。

諏訪地方は、時計や光学機器などの精密機器工業や製糸業が盛んなことで知られています。そうした産品の販路を拡大しようと、諏訪湖ＳＡには諏訪地方の産品のアンテナショップ「ＳＵＷＡプレミアムショップ」が設けられています。高級腕時計や、双眼鏡、ガラス細工など、ちょっとプレミアムな買い物をすることもできます。

諏訪地方の魅力といったら温泉も忘れてはいけません。製糸工場の福利厚生施設として建てられた重要文化財・片倉館の千人風呂のほか、街中には風情のある共同浴場がいくつもあります。諏訪湖ＳＡには「ハイウェイ温泉」があって、なんと本物の温泉に入ることができます。「ハイウェイ温泉」は下り線と上り線の両方にそれぞれ施設がありますが、料金が異なっています。これは、下り線の温泉施設は岡谷市にあり、上り線は諏訪市にあるのですが、両市で入湯税が異なっているためです。

CHUO 2-06

中央道に乗ったら、これを食べなきゃ！ソースカツ丼文化圏

ＳＡＰＡグルメ事情について書こうと思いますが、これがなかなか難しいです。ＳＡＰＡが商業施設として充実するほど、「有名レストランの料理が高速道路でも」「人気メニューがサービスエリアにも初登場！」といった記事に注目が集まりますが、本書ではもっと高速道路ならではの視点を設定してみたいと思います。キーワードは「郷土料理」と「文化圏」です。

長距離をドライブしていて複数のＳＡＰＡに立ち寄ったり、行きと帰りで違うＳＡＰＡに立ち寄っているのに、「あれ？　これ、さっきのサービスエリアにあったのに、ここにもまたある！」というメニューがあると思います。ＳＡＰＡに一つずつ「各駅停車」して取材してみると、ある地方の名物だと思っていたのが、高速道路を通じて存外広域に広まっていたという実態が見えてきました。その広まりが「文化圏」です。

例えば、中央道には、「ソースカツ丼文化圏」が広がっています。ソースカツ丼は、丼

ご飯の上に千切りキャベツを敷いて、その上に、ソースにどべっと浸したトンカツを載せます。中央道沿線ですと長野県駒ヶ根市が有名で、市内の飲食店を中心に駒ヶ根ソースかつ丼会を作って活動しています。市内では単に「カツ丼」を頼むとソースカツ丼が出てくるそうです。中央道のSAPAでは、地元の駒ヶ根SAで食べることができるのはもちろんのこと、中央道原PAから内津峠PAまで170㎞に渡ってレストランやスナックコーナーのメニューに存在しています。これはもう、高速道路による食文化圏です。

実は、山梨県内の双葉SAや境川PAにも、駒ヶ根のソースカツ丼と似たメニューがあります。こちらは「山梨風かつ丼」です。実は、山梨県内の飲食店でも、普通にカツ丼を頼むと千切りキャベツの上にトンカツが載って出てきます。ただ、駒ヶ根と違って、トンカツ定食をそっくり丼に載せましたというのがコンセプトです。ですので、添え物であるポテトサラダが載っていたり、皿の隅に盛られたからしが丼にも付けられたりしています。この観点からすると、双葉SAのも境川PAのも確かに山梨風でした。ちょっとマニアックですが、文化とはこうした違いのことなのです。

ソースカツ丼こそが普通のカツ丼だという地域は日本全国各地にあり、福井県や福島県には有名店もあります。秘伝のソースはあるにせよ、そもそも誰にでも作れる料理ですから、あまり地域にこだわる必要もないかもしれません。だからこそ、高速道路沿いに自然

駒ヶ根SAのソースカツ丼

発生的に広まっている状況が面白いです。

　中央道のSAPAで楽しむことができる郷土料理には、この他にも、八王子ラーメン（石川PA）、吉田うどん（谷村《やむら》PA、初狩PA）、ほうとう（双葉SAなど）、ローメン（駒ヶ根SA、小黒川PAなど）、鶏ちゃん（内津峠PA、虎渓山PAなど）などあります。地域的な広がりとともに、それぞれのお店で独自のアレンジを施したものもあります。旅先でその土地その土地の名物料理に舌鼓を打ってみてはいかがでしょうか。

CHUO 2-07

木曽谷のSAPAたち

恵那峡ＳＡは高井戸を起点にすると２９３・４㎞（下り線）に位置していますが、ここまで来ると、むしろ名古屋まで（名神高速合流まで）の最後のサービスエリアという認識が自然でしょう。小牧ＪＣＴまではあと50・９㎞です。

名古屋方面から来る人には最初のサービスエリア（上り線）です。内津峠を越え、東濃の丘陵地帯の急勾配・急カーブを走り抜けてきましたから、そろそろ休憩するには格好の場所です。周囲の風景もだいぶん山深くなってきました。でも、名古屋名物のひつまぶしを出すお店が出店していますから、名古屋圏の雰囲気も残しています。

恵那峡ＳＡの名前は、木曽川本流を大井ダムが塞き止めて作ったダム湖の名前・恵那峡に因んでいます。大井ダムは１９２４（大正13）年に完成した発電用のダムで、土木学会の土木遺産に認定されています。電力王・福澤桃介《ももすけ》が陣頭指揮をして建設したもので、女優の川上貞奴《さだやっこ》とのロマンスの舞台としても知られています。恵那峡という名前は、大正９

年、地理学者・志賀重昂《しげたか》によって命名されたものです。

恵那という地名は、市名や郡名として、広く地域名に用いられています。また、恵那山に天照大神生誕の際の胞衣《えな》を埋めたのが恵那の地名の由来という話が江戸時代の書物に見られます。中央道の利用者には恵那山トンネルでおなじみです。一つの著名な地名が、新しい景観や施設ができる度に反復的に用いられて、重層的に地域イメージを補強しています。地名考としては興味深い地域です。

2014（平成26）年8月、上り線・恵那峡SAの施設がリニューアルして、和風イメージになりました。「恵那峡よりほど近い中山道の『馬籠宿・妻籠《つまご》宿』にちなみ『峠の宿場町』をコンセプト」としたそうです。サービスエリア所在地の恵那市には、中山道の大井宿があり、今日でも宿場町の風情を残しているのですが、観光となると馬籠宿・妻籠宿の知名度は絶大です。

下り線・神坂PAも宿場町風の建物になっていますが、こちらは正真正銘、馬籠宿に隣接しています。同PAには馬籠（中央道馬籠）バス停が併設されていて、高速バスの利用者は徒歩で馬籠宿へ行くことができます。

馬籠宿は元々は長野県だったのが、1958（昭和33）年の神坂村越県分村合併による山口村への編入、平成17年の山口村の越県合併を経て、現在は岐阜県中津川市の一部にな

内津峠PAに残る「高速道路に桜前線」の看板

っています。文豪・島崎藤村の生誕地でもあるため話題として大きく取り上げられましたが、実は、この地域の帰属は古代から揺れてきました。一番古い文献の記録では、『続日本紀』の702（大宝2）年に「始めて美濃国の岐蘇《きそ》（木曽）山道を開く」とありますから、木曽は古来より美濃（岐阜県）と結びつきが強かったことがわかります。

上り線・内津峠PAの園地には桜が植えられ、「高速道路に桜前線」という看板が立てられています。春、日本列島を北上していく桜前線を高速道路を移動しながら楽しめるようにと、1986年、日本道路公団の設立30周年記念事業として植樹されたものです。当時、全てのSAと主要なPA、118か所に桜が植えられました。今でも桜が植えられているSAPAは多くあります。自分の町では散ってしまった桜を、北に位置したり標高の高い土地でもう一度お花見ができるというのも、高速道路ならではです。

CHUO 2-08

静かに高速道路とSAPAを見守る歴史の証人 SAPAにある石碑に注目してみよう

サービスエリアやパーキングエリアには、運転の合間の気分転換ができるように、散策ができる小径や芝生広場など、ちょっとした公園のようになっている場所が設けられています。こうした場所を園地と呼びます。園地の片隅に石碑が立っていることがあります。足を止める人も少ないですが、丹念に見ていくと高速道路の意外な歴史が書かれていたりします。そうした記念碑を集めてみました。

高速道路一千キロ開通碑（虎渓山PA）

サービスエリアやパーキングエリアに立てられている記念碑の多くは開通記念碑です。

中央道・虎渓山ＰＡ（上り線のみに設置）に「高速道路一千キロ開通碑」が立てられています。これは、１９７３（昭和48）年に虎渓山ＰＡを挟む瑞浪ＩＣ～多治見ＩＣ13・３km

が開通したことで日本全国の高速自動車国道の総延長が１０００㎞に達したことを記念するものです。同様の記念碑は、下り線・八ヶ岳ＰＡに「高速道路二千キロ開通記念碑」があります。こちらは、１９７６年に韮崎ＩＣ～小淵沢ＩＣ23・９㎞の開通によって、総延長が２０００㎞に達成しました。１９７３年からの３年間で、日本の高速自動車国道は１０００㎞延びたことになります。中央道にあるのは１０００㎞と２０００㎞の二つですが、これ以降も１０００㎞の節目ごとに、その区間にあるサービスエリアやパーキングエリアに記念碑が立てられています。

高速道路二千キロ開通記念碑（下り線・八ヶ岳PA）

中央自動車道大月－勝沼建設之碑（上り線・初狩PA）

　それぞれの区間の開通記念碑もあります。上り線・初狩ＰＡには大月ＩＣ～勝沼ＩＣの開通（１９７７年）記念碑があります。下り線と上り線の谷村ＰＡには富士吉田線４車線化の工事完工（１９８３年）・開通（１９８５年）記念碑がそれぞれ立っています。ともに４車線化を祝うものですが、それよりも日本道路公団関係者の、暫定２車線の段階着工に対する忸怩《じくじ》たる思いが記されているのが心に残ります。下り線・谷村ＰＡのものはユニークで「中央高速道路の歌」の歌詞の一節が刻まれています。

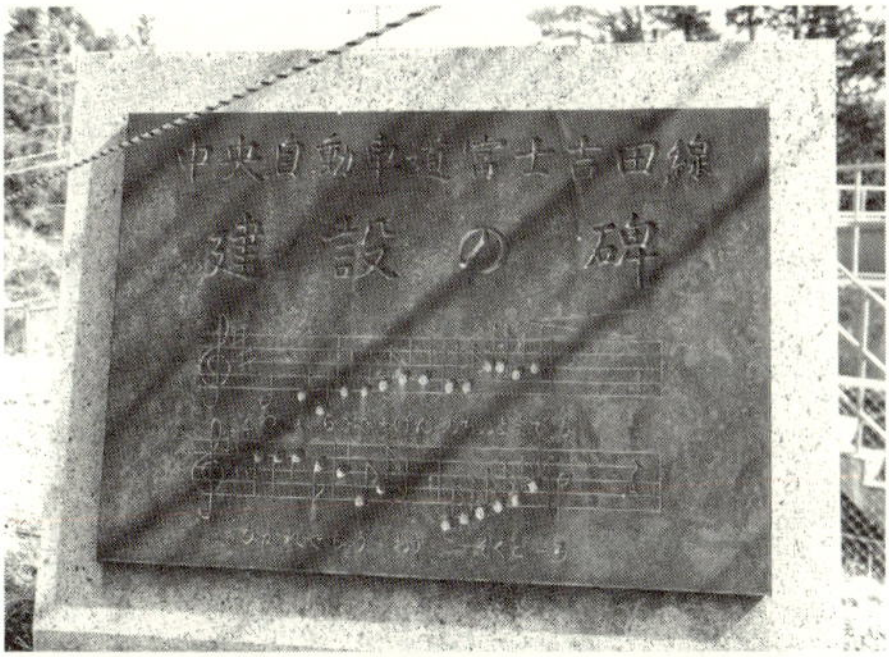

中央自動車道富士吉田線建設の碑（下り線・谷村PA）

中央自動車道西宮線完成記念（碑）（下り線・境川PA）

下り線・境川ＰＡには「中央自動車道西宮線完成記念」碑があります。１９８７（昭和57）年に、中央道最後の区間・勝沼ＩＣ～甲府昭和ＩＣが開通したことで、東京・高井戸～西宮ＩＣまで国土開発幹線自動車道・高速自動車国道中央自動車道西宮線が全通しました。１９５７年の国土開発縦貫自動車道建設法成立から25年の歳月が経っていました。

全長８５００ｍにおよぶ

恵那山トンネルの開通記念碑(下り線・神坂PA)

恵那山トンネル、開通記念碑が３か所にもあります。下り線・阿智ＰＡと上り線・神坂ＰＡには当時の日本道路公団総裁が「恵那山トンネル開通に寄せて」として読んだ歌碑が置かれています。下り線・神坂ＰＡには、恵那山トンネル工事に従事していた道路公団職員を記した記念碑があります。

中央道の実現に尽力した２人の国会議員を顕彰する碑もあります。上り線・神坂ＰＡには縦貫道構想を発案・推進した田中清一を讃える顕彰碑が、中津川市によって立てられています（１７２ページに写真）。

下り線・諏訪湖ＳＡには青木一男の銅像が立てられています。青木一男は中央道を諏訪回りに変更し着工実現に導いた功労者です。その功績に報いるかのように、諏訪

恵那山トンネルの開通記念碑（下り線・阿智PA）

恵那山トンネルの開通記念碑（上り線・神坂PA）。阿智PAのものと同じ内容

湖を見下ろすことのできるサービスエリアの中でも一番の高台に、銅像は立っています。
中央道では見かけませんでしたが、サービスエリアやパーキングエリアには、奥の細道の歌碑、画期的な土木技術を用いた橋梁に与えられる土木学会田中賞の記念プレート、道祖神などの、様々な石碑やモニュメントが立てられています。休憩の際にちょっと探索してみるのも面白いでしょう。

初狩PA（下り線）には2012（平成24）年の笹子トンネル天井板崩落事故の慰霊碑が設けられています。犠牲者の冥福を祈り、献花が絶えることがありません。

下り線・諏訪湖SAの一角に立つ青木一男の像

第3章

中央道・高速道路が秘めた謎

安全・快適を守るために

談合坂SA付近に残る中央道の廃道跡

CHUO 3-01

情報を集め、先回りして対処し、私たちの安全と走行を見守る道路管制センターの大切な役割

道路管制センターでは、高速道路に異常がないか、交通は順調に流れているか、24時間常に監視をしています。高速道路上で異常が見つかった場合は、現場に交通管理隊のパトロールカーを急行させたり、警察や消防などと連携して事態に対処するための司令塔としての役割を果たします。また、高速道路利用者への情報提供も道路管制センターの役割の一つです。高速道路会社３社合わせて、全国に12か所に設けられています。

中央道は、伊北ＩＣを境に、東側をＮＥＸＣＯ中日本の八王子道路管制センターが、西側を一宮道路管制センターが管轄しています。八王子道路管制センターでは、中央道・高井戸ＩＣ～河口湖ＩＣおよび大月ＪＣＴ～伊北ＩＣのほかに、長野道・岡谷ＪＣＴ～安曇《あずみ》野《の》ＩＣ、圏央道・あきる野ＩＣ～相模原ＩＣなど３００㎞余りの路線を管轄しています。本書で扱う長野道の安曇野ＩＣ～更埴ＪＣＴはＮＥＸＣＯ東日本の管轄になります。

高速道路の心臓部ともいえる道路管制センターには、正面に巨大なグラフィックパネル

があります。道路管制用のメインモニターです。ここには管轄している路線・区間が表示されていて、事故、故障車、落下物、渋滞などの道路状況が車線単位で分かるようになっています。各

道路管制センターのグラフィックパネルでは高速道路上の電光掲示板の表示も制御している

所に設けられているモニターカメラの映像も、平常時は順次ローテーションで投影されていますが、万一の事態の場合には、その箇所の映像を大写しにして状況の把握に努め

ます。

また、トンネルの換気施設や電源施設などがきちんと動作しているかと監視する、施設制御のモニターもあります。

高速道路には、通常の区間では１㎞おきに、トンネル内では２００ｍおきに、非常電話が設置されています。事故や故障などが起きた際は、受話器を取ると道路管制センターに繋がります。

高速道路の本線上やインターチェンジ入口などに設けられている道路情報板（電光掲示板）に表示されているメッセージ文言の制御も、道路管制センターで行なっています。メインモニターでは各道路情報板の表示を一目で確認できるようになっています。道路情報板には「キリ注意」「渋滞５㎞」などの情報提供の他に、インターチェンジ手前の「ここで出よ」や、事故時のトンネルへの「進入禁止」などドライバーが取るべき手段が表示されることがあります。

また、こうした道路情報は、道路情報板だけでなく、ハイウェイラジオやＳＡＰＡの情報端末、ハイウェイテレホンのほか、日本道路交通情報センターを通じて各マスコミやインターネット（ホームページ）などに幅広く提供されています。

CHUO 3-02

何台が1日何km走っているの? ランプもくまなくチェックする交通管理隊

黄色いライトを点滅させながら高速道路を巡回する黄色のパトロールカーは、交通管理隊の車両です。真っ黄色に塗られたSUVの大きな車体はよく目立ちます。高速道路の開通前イベントでも子供たちに大人気です。でも、パトロールカーと言いながらスピード違反をした車両を追いかけることもないし、何をしているのかあまりよく知らないという人も多いことでしょう。

そこで、まずは交通管理隊の役割から説明します。

交通管理隊は、高速道路を維持管理するために必要な業務を行なっている「道路の番人」です。業務内容には、道路巡回(パトロール)、異常事態の処理、法令違反の取締等があります。

パトロールは24時間体制で行ない、道路に異常がないか、気象条件はどうか、交通はスムーズに流れているかなどの現場の状況を道路管制センターに報告します。2人1組でパトロールカーに乗り込みます。

管轄区間は隅々までパトロールしなければなりません。そこで気になるのが、他の道路との接続部分です。例えば、中央道と首都高速4号線との接続区間については、高井戸の接続地点を過ぎて首都高・永福町ランプで折り返します。かと思えば、上り線・高井戸ICオフランプの巡回もしなければならないので、その場合は下道に下りて折り返し、首都高高井戸ランプで乗るというコースになります。首都高や一般道で中日本高速道路の黄色いパトロールカーを見かけることがあれば、ラッキーですね。

もしパトロール中に、事故、故障車、車両火災、路上障害物（落下物）といった異常事態に遭遇した場合は、現場対応に当たります。また、道路管制センターからの指示で現場に急行することもあります。交通管理隊のパトロールカーは道路交通法に基づく緊急自動車でもあり、緊急時には赤色灯を点灯させて緊急走行することができます。

現場に到着すると、事故への応急対応や故障車の安全確保、落下物処理といった異常事態を解消するための措置を取ります。

パトロールカーの電光掲示（車載式ＬＥＤ表示装置）や交通管理隊員の旗振りなどで、現場の交通誘導も行ないます。

また、バスストップなどの一般車駐停車禁止箇所に駐停車している車両への注意喚起も

中央道をパトロール中の交通管理隊のパトロールカー

行なっています。高速道路へ立ち入った人を安全な場所に誘導し、安全を確保するのも交通管理隊の仕事です。

CHUO 3-03

彼らがいなけりゃ安心して通行できない！見たことある？ ない？ はたらく車

高速道路では、道路を維持・修繕するために様々な自動車が働いています。

これらの車両は、高速で走る車の隣で作業をするのですから、とにかく目立つようになっています。車体は黄色に塗られています。多くの車両には、作業中であることを後続車に示すための車載式ＬＥＤ標識装置も備えられています。また、車両上部に備えられている黄色の点滅灯は、道路維持作業自動車としての印です。

道路維持作業自動車とは、道路管理者から都道府県の公安委員会に届け出ることによって、道路の維持・修繕作業を行なえるよう道路交通法上の特例が適用されている車両のことです。例えば、高速自動車国道には走行時の最低速度が定められていますが、道路維持作業車に指定されることで、除雪車や清掃車が除雪や清掃作業しながら低速で走行しても違法にはならないようになっています。

道路維持作業自動車をいくつか紹介しましょう。

［標識車］

荷台に載せた大型のＬＥＤ標識装置で、走行中の車に様々な情報を提供するのが標識車です。車線規制の始まりの地点で「作業中」と表示したり、渋滞発生箇所手前で「この先、渋滞中」と知らせたりします。車両後部に飛び出たクッション材が印象的です。

標識車

高所作業車

［高所作業車］

照明灯具の取り換えや標識の点検や清掃など、高所での作業に用いられる車両です。アームを展開した時に車両を安定させるためのアウトリガーが装備されています。

［凍結防止剤散布車］

冬季の降雪時などに凍結防止剤を散布するための車両で、凍結防止剤を積み込むタンクを備えています。スノープラウを装着することもでき、除雪した後の路面が凍結しないように凍結防止剤を撒いていきます。

スノープラウを装着した凍結防止剤散布車

除雪用のロータリーを装着した万能車（ウニモグ）

［万能車］

多用途作業車で知られるメルセデスベンツ社のウニモグ（Unimog）も、高速道路の維持・修繕に活用されています。この車両は様々にアタッチメントを取り換えることで多用途に活用できるのですが、トンネルの壁面の清掃や路側帯の草刈りなどに活用されています。写真のウニモグは除雪用のロータリーを装着しています。

CHUO 3-04

もしもの悪天候に備えて打たれる対策 利用者側も最大限活用しよう

天候の情報は、安全で快適に高速走行をするために欠かせない要素です。とはいっても、晴れの日もあれば、雨の日や雪の日もあります。台風が襲ってくることもあります。高速道路では、悪天候の場合でも交通を確保するための体制が整えられています。

大雪の場合を見てみましょう。降積雪が見込まれる場合は、コンサルタント契約を結んでいる気象予報会社と事前に打ち合わせを行ない、各部所への情報共有と準備体制を整えていきます。NEXCO中日本・八王子支社管内では、年に4～5回は対策本部を立てるような降雪があるそうです。台風の際には対策本部が立ち上がります。

雪が降り始めると、気象観測装置から降雪検知の情報が入ってきます。また、交通管理隊が実際に現地で目撃した天候や路面状況についての報告も随時届きます。こうした情報を元に、各保全・サービスセンターでは融雪、除雪、凍結防止といった対応を行ないます。保全・サービスセンターはその名の通り、高速道路の保全業務を行なうための基地です。

保全業務に必要な人員や資材があり、除雪用の車両だけでなく、交通管理隊のパトロールカーや道路維持作業自動車も待機しています。いざ出番となると、保全・サービスセンターから出動していきます。

除雪作業や凍結防止剤の散布作業は、多くの場合、梯団《ていだん》を組んで全ての車線に跨がって行なわれます。作業車の無理な追い越しは、危険ですし、融雪剤や凍結防止剤がかかる恐れもありますので、絶対にしないようにしましょう。

懸命な作業にも関わらず、積雪や路面状況の悪化で安全な交通が確保できないことも起こり得ます。その際には、各管轄交通管理者（警察）がチェーン規制や通行止めの措置を取ることがあります。基本は県単位での規制ですが、通行止めになって下ろされたインターチェンジの周りの道路が積雪していては、一般道に交通滞留やスリップ事故発生のリスクを押し付けることになりかねません。そのため、実際の支障区間の手前から通行止めにすることがあります。中央道では、八ヶ岳山麓での積雪の場合、東京側ではまだ標高が低くて一般国道20号へのアクセスがよい甲府昭和ＩＣで通行止めになることもあります。

いざ通行止めやチェーン規制がかかると、その情報は速やかに利用者に伝えられます。

筆者が春先の3月に経験したケースでは、名古屋まで行こうと調布ＩＣ（東京都）から中央道に乗ったところ、あいにく山間部で積雪があり、小淵沢ＩＣ（山梨県）～園原ＩＣ

八王子保全・サービスセンターで待機中の除雪用車両

（長野県）区間のチェーン規制の情報が１３０㎞手前の国立府中ＩＣ先の広域情報板に表示されていました。様子見をしようと石川ＰＡに立ち寄ったところ、岡谷ＪＣＴ付近での事故通行止めの情報も加わったため、中央道をあきらめて、八王子ＪＣＴから圏央道を通って東名高速にスイッチすることにしました。

道路管制センターでも高速道路のネットワークは常に意識していて、利用者が別ルートを選択可能な位置での情報提供を心がけているとのことです。筆者も図らずしもその恩恵を受けることになったわけです。

column

似て非なる言葉・道路管理と交通管理

高速道路の管理に関する言葉に、道路管理と交通管理という言葉があります。似たような言葉ですが、行政上明確に分かれていて、前者は道路の維持・管理に関する事柄で、道路法や高速自動車国道法を元に道路管理者が職務を遂行します。後者は、交通規則に関わる事柄で、警察の所管事項です。さらに警察は、警視庁と各道府県警察が各都道府県ごとに所管しています。例えば、高速道路の最高速度を決めているのは各都道府県警察（公安委員会）です。

利用者からみて、両者の違いをあまり意識しない場合もよくあります。大雪の時、除雪をしたり凍結防止の対策を取るのは道路管理者です。でも、その路面状況に応じて速度制限を行なったりチェーン規制をかけたり、通行止めの判断をするのは、交通管理者の職務範囲になり、当該区間を所管している各都道府県の高速警察隊が行ないます。さらに、そうした交通規制の情報を、道路利用者に案内・伝達するのは道路管理者の役割になります。このように両者はそれぞれの役割を果たしながら密接に連携をしています。

また、警察組織としては管区警察局が全国に6管区設けられていて広域連携を計っていますが、高速道路の交通管理については、管区警察局高速道路管理室が各府県の高速道路交通警察隊や道路管理者との連絡調整業務を行なっています。

CHUO 3-05

路線名と道路名とナンバリング すべてを正確に言い当てられたら相当な趣味人!?

高速自動車国道の路線について、少なくとも五つの定義（リスト）が存在し、それぞれによって名称や、その名称が対象とする路線・区間が異なっている場合があります。法律上の路線名と、普段私たちが見聞きしている道路名とが異なっていて、便宜的に「法定路線名」「営業路線名」などと言い分けている人もいます。そうした呼称を整理しておきましょう（法律上の手続きについては163ページ参照）。

①国土開発幹線自動車道の路線および高速自動車国道法第3条第三項による予定路線
②高速自動車国道として指定された路線
③道路整備特措法に基づく高速道路機構と各高速道路会社間の協定に記された路線・区間
④各高速道路会社が案内している道路名
⑤高速道路ナンバリング

このうち、①と②はほぼ同じですが、高速自動車国道としての路線に指定されていない区間がある場合、呼称が一部異なってきます。例えば、「第二東海自動車道（新東名高速）」の場合は、①では国土開発幹線自動車道第二東海自動車道（起点：東京都、終点：名古屋市）ですが、②では高速自動車国道第二東海自動車道横浜名古屋線（起点：横浜市、終点：名古屋市）となります。こうした違いに着目すると、東京都～横浜市の区間は、建設の目途が立たないどころか、現時点では手続き上高速自動車国道にすらなっていないことがわかります。

③は、②の路線の重複区間を含まないようにして、さらに高速道路会社の管轄で分けたリストになります。例えば、NEXCO中日本が所管する中央道と名神高速の区間については、「高速自動車国道中央自動車道西宮線（大月市から東近江《ひがしおうみ》市まで（八日市《ようかいち》インターチェンジをふくむ。））」といった書き方になっています。

④は、私たちが普段目にしている高速道路の名称です。中央道というと高井戸～小牧JCT（それに加えて大月JCT～河口湖IC）として、地図や道路交通情報などで案内されています。

本書では①～③の場合は（根拠法令がわかる形で）「路線名」、④については「道路名」

中央道にE20のナンバリングが付いた標識

という言葉を使っています。

また一般国道については一般国道474号（もしくは単に国道474号）という呼び方をします。これに倣った呼称方法をしますと、道路の種類で一般国道に対比するのは高速自動車国道ですから、高速自動車国道中央自動車道西宮線と呼ぶのが正しいということになります（普段こんな長い呼び方はしませんが）。

⑤の高速道路ナンバリングは、訪日外国人をはじめ、すべての利用者にわかりやすい道案内を実現するために、2017（平成29）年から導入された制度です。2020年の東京オリンピックを目標として普及が促進されています。ナンバリングの基本ルールの一つに「国土の骨格構造を表現」

とあり、一部の支線や肋骨路線を除いて、並行している主要な一般国道の番号が採用されています。

これが厄介で、これまで①～④で説明してきました「路線名」や「道路名」は意識されていません。中央道の高井戸～岡谷JCTは［E20］、中央道と長野道に跨りますが小牧JCT～岡谷JCT～更埴JCTは一括りとして［E19］とナンバリングされています。天下の中央道が半分に分けられてしまっているのは、なんとも複雑な思いです。

また、中央道・園原IC～岡谷JCTの間を並走する一般国道といえば153号がしっくりくるのですが、全体として名古屋と長野を結ぶ既存の国道のイメージから19が採番されています。

こうした違和感は他の高速道路でもあり、例えば、山陽自動車道（山陽道）は一般国道2号に沿うことから［E2］とナンバリングされていますが、中国自動車道（中国道）はその また並行道路ということで［E2A］が付けられています。慣れていくしかないようです。

高速道路ナンバリングは、高速自動車国道だけでなく、高規格幹線道路や地域高規格道路も対象としています。本書に関連する箇所で例を挙げると、高規格道路である一般国道474号・三遠南信道は、高速自動車国道である新東名高速・引佐《いなさ》連絡道（浜松いなさJCT～三ケ日JCT）と合わせて［E69］が振られています。

CHUO 3-06

「最高速度は時速100㎞」を常識としてはいけない!? 設計速度と道路構造令と制限速度

道路名から「高速道路」という名前を取り上げられてしまいましたが、実際のところ、中央道はどれくらいの速度で走行できるのでしょうか。

高速自動車国道に関する速度としては、道路の構造設計上の「設計速度」と道路交通法が定めている「制限速度」があります。自動車のドライバーが守らなければならないのは後者です。

まず、設計速度ですが、中央道（富士吉田線を含む）のほとんどの区間は時速80㎞で設計されています。唯一、三鷹市〜八王子市の区間だけが、時速120㎞で設計されています。首都高速4号線と接続している部分は時速60㎞の設計です（数字はいずれも整備計画のもの）。

道路構造令1種3級が適用されている区間が多く、その中でも特例として認められる限界値に近いものもあります。それだけドライバーへの負担は大きくなります。カーブは円の半径で表現され、数字が小さいほど急な曲がり方になりますが、中央道には半径260mのカーブがあります。新東名高速を比較対象とするとこちらは特別基準として最小半径3００m以上となっていますので、比べるまでもありません。勾配は１００m進んだ時に変化する標高差（m）を百分率で表現しますので、数字が大きくなるほど急勾配です。中央道の最急勾配は６％ですが、新東名高速では２％に抑えられています。

道路交通法では高速自動車国道は特別扱いをされていて、一般道路の制限速度が時速60㎞なのに対して、高速自動車国道・本線の制限速度は時速１００㎞（普通自動車などの場合。同施行令第27条）とされています。この条文に明記されている制限速度を指して、法定速度と言いならわしています。実際の通行には、それぞれの区間に標識で指定されている場合には、その「指定速度」に従わなければなりません。

実は、中央道で法定速度の時速１００㎞で走行できる区間は稲城ＩＣ～八王子ＩＣの区間だけです。他のほとんどの区間は時速80㎞で、笹子トンネルと恵那山トンネルの区間は時速70㎞に、それぞれ指定されています。また、高井戸～三鷹料金所の間は道路構造も接続している首都高速（都道の自動車専用道路）に準じたものになっているため、制限速度も時速60㎞になっています。これらの制限速度は筆者が調べた時点のものですので、実際の通行にあたっては、標識等に従い法令順守で安全走行をお願いします。

CHUO 3-07

距離、施設、土木構造物……数字で見る中央自動車道

中央道を数字で見てみましょう。

中央道は高井戸ICから小牧JCTまで延長344・3㎞あります。東名高速（東京IC〜小牧JCT）が339・8㎞ですから、東名高速と比べて4・5㎞長いだけです。地図を見ると諏訪湖を経由してくねっと折れ曲がっている中央道は、遠回りをしているという印象ですが、実はそんなに差があるわけではありません。そのため、新東名高速ができる前は、東名高速で集中工事がある場合など、中央道が迂回路として案内されていました。富士吉田線（大月JCT〜河口湖IC）が22・5㎞あります。

インターチェンジの数が33（八王子は1とカウント、ハーフICや出口のみも含みます）、スマートICが5あります。休憩施設は21あり、その内訳はサービスエリアが5、パーキングエリアが16（虎渓山PAは上り線のみ）です（いずれも富士吉田線を含みます）。

土木的な観点から、土工（土盛りや切通し）、トンネル、橋梁（高架橋を含む）に区分

けしてみると、土工が全体の80％を占めています（中央道は大月ＪＣＴ～河口湖ＩＣを含む）。これは、名神高速や東名高速とほぼ同じ割合です。中央道というとどうしても山岳路線という印象を持ってしまいがちですが、意外な結果です。

最新の新東名や山岳路線の東海北陸道では、土工が40％にまで減っていて、トンネルや橋梁といった土木構造物が60％を占めています。特に東海北陸道ではトンネルの比率が４割弱を占めています。トンネル掘削や橋梁架設の土木技術の進歩に伴い、山地を貫き、幅広い谷を渡るというような自在なルート選定が可能になってきていることの表われです。

もし中央道が南アルプスを貫く井川ルートで建設されていたとしたら、当時の設計図面を元に集計してみると土工が全体の60％、トンネルや橋梁の構造物が40％になります。ちょうど、中央道・東名高速世代と新東名高速・東海北陸道世代の中間的な数字です。

中央道の中で利用車数が一番多い区間は、高井戸ＩＣ～八王子ＩＣで１日11・６万台が通行します。利用が一番多いインターチェンジは八王子ＩＣで、１日４・７万台が利用しています（高井戸ＩＣ～八王子ＩＣは統計上1区間として集計されているためのぞく）。

※主要な数字は『高速道路便覧２０１６（平成28年度）』などより。

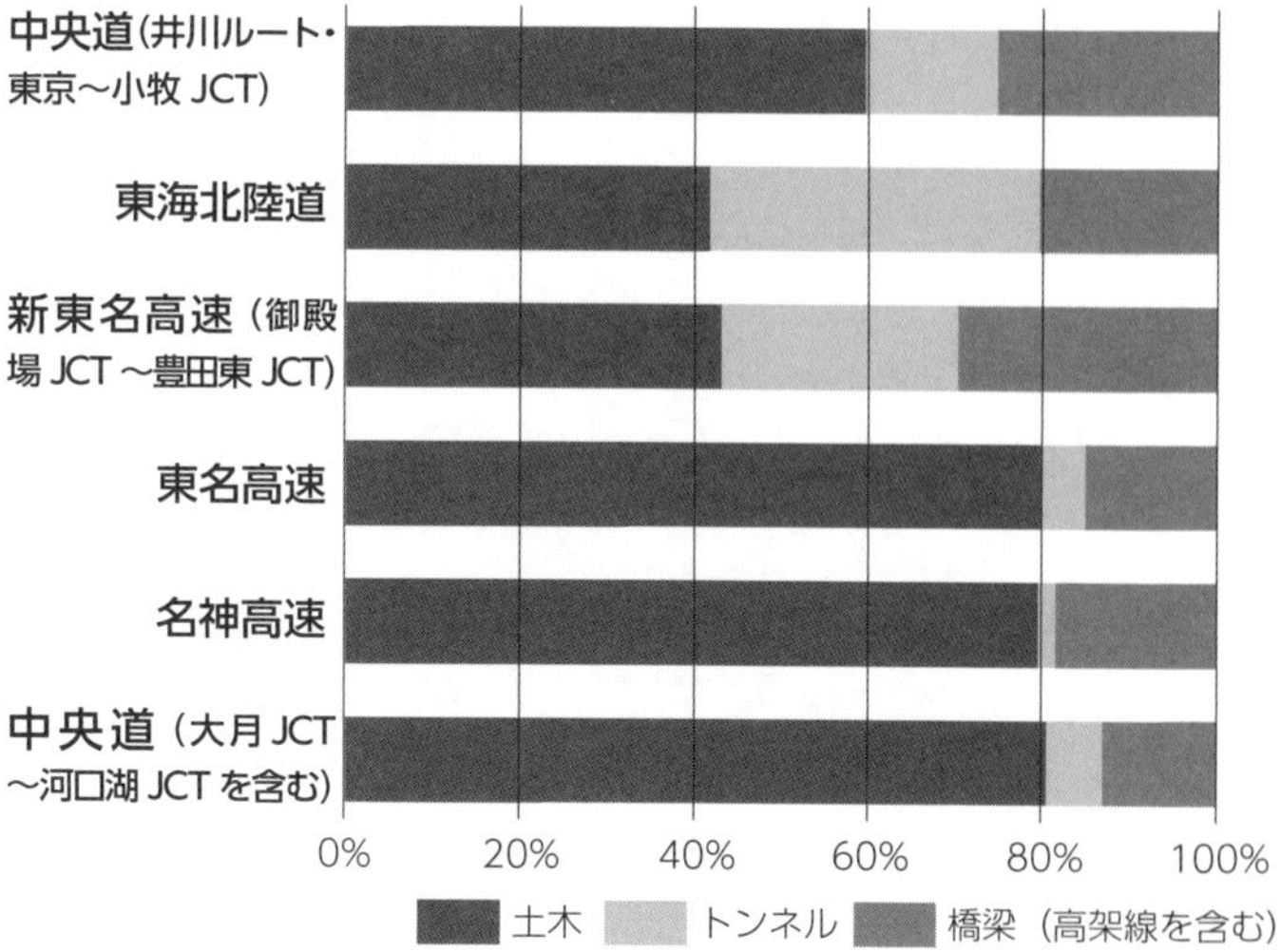

高速道路別土木構造物の割合

中央道の延長に橋梁が占める割合は13%。写真は鶴川大橋(484m)

CHUO 3-08

思わずなぞりたくなるほど美しくて複雑 高速道路の構造(立体交差)とインターチェンジの形

高速道路は他の道路との交差は全て立体交差になっています。高速道路が一般道路と接続する箇所はインターチェンジ（ＩＣ）、高速道路同士が接続する箇所はジャンクション（ＪＣＴ）と呼び分けています。インターチェンジやジャンクションでは、ランプと呼ばれる通路を経由して行き来します。

高速道路の本線に入る方のランプをオンランプ、本線から出る方のランプをオフランプと呼びます。高速道路には上り線と下り線があり、それぞれにオンランプとオフランプが必要ですから、インターチェンジや３枝交差のジャンクションでは４方向のランプが備わっている必要があります。二つの高速道路が十字路に交差する（４枝交差）ジャンクションでは、８方向のランプが必要です。

インターチェンジのランプにはアルファベットを付けることになっていて、上り線へのオンランプがＡ、上り線からのオフランプがＢ、下り線へのオンランプがＣ、下り線からのオフランプがＤです。

ＡＢＣＤ全てのランプが備わっているインターチェンジのことを、フル・インターチェンジと呼ぶことがあります。逆に、片方面との行き来しかできないインターチェンジ（例えば、中央道・園原ＩＣは上り線からのオフランプ（Ｂランプ）と下り線へのオンランプ（Ｃランプ）しかありません）のことをハーフ・インターチェンジと呼びます。

駒ヶ根SAに併設されたスマートIC

インターチェンジやジャンクションには、ダブルトランペット型、シングルトランペット型、Ｙ型などいくつかの幾何学的なパターンがあります。ランプを行き来する想定交通量や確保できる敷地の面積によって、形が選択されます。

また、従来型のインターチェンジとは別に、ＥＴＣ利用車に限定したスマートＩＣの設置も進められています。ＳＡ・ＰＡやバス停などのオフランプ、オンランプが既に設けられている施設を利用するものと、本線に直接連結しているものがあります。

中央道インターチェンジ図鑑

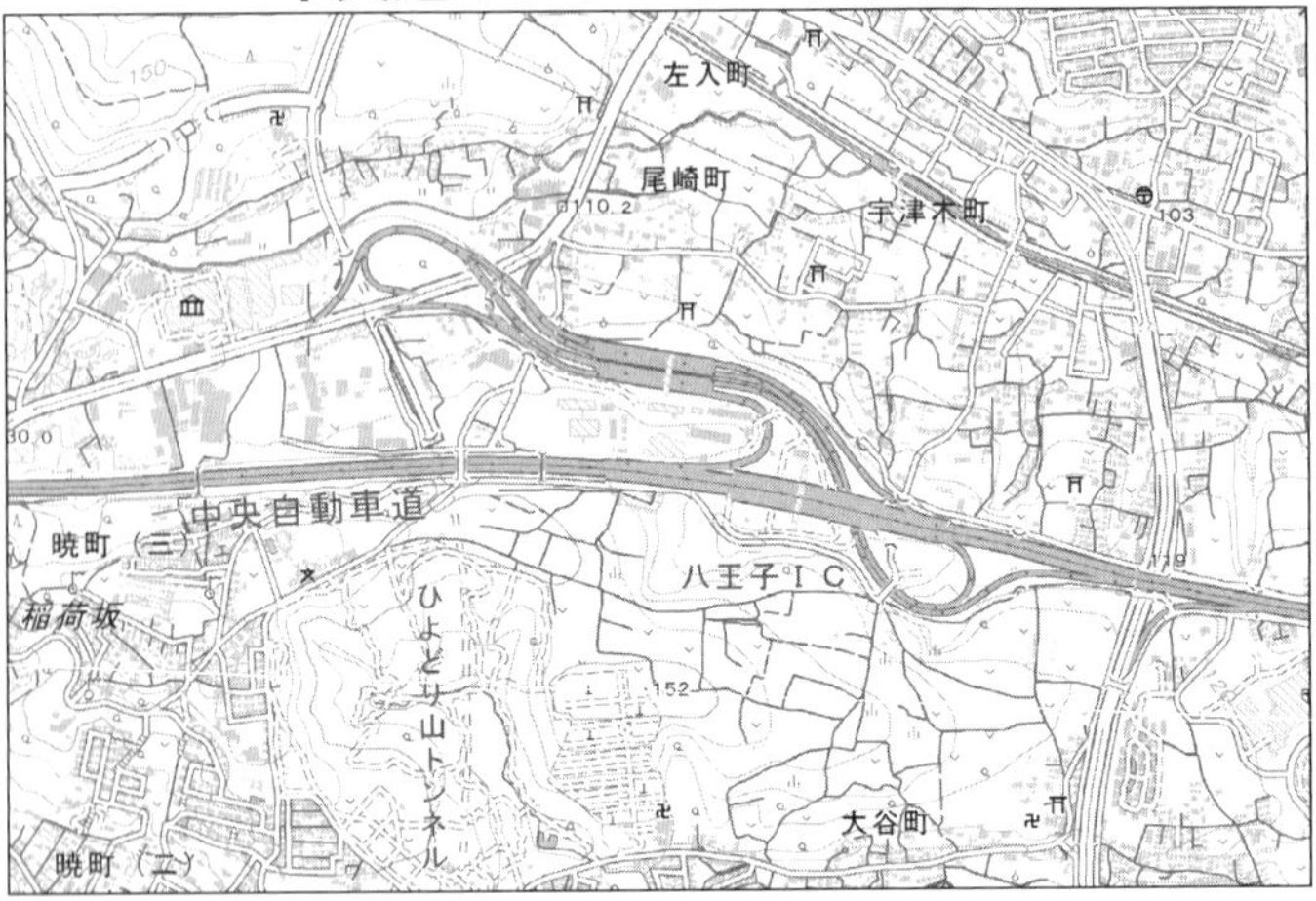

［八王子IC］
主要ICとして、料金所は14レーン分の幅が確保してある。ランプも2車線仕様。下り線から一般国道16号八王子バイパスへ直接下りることができる第1出口（オフランプ）が追加されている

ダブルトランペット型

［甲府昭和IC］
幹線の一般国道20号と接続する

［国立府中IC］
平地に建設された典型的なダブルトランペット

シングルトランペット型

［諏訪IC］
平地に建設された典型的なシングルトランペット

［相模湖IC］標高差50mを克服するためにランプの長さが1kmにもなった

Y型

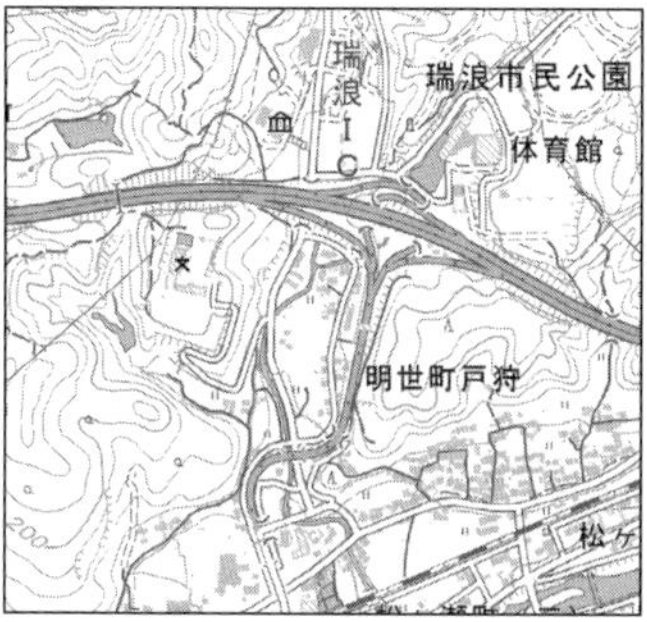

［瑞浪IC］
谷間をうまく利用して作られている

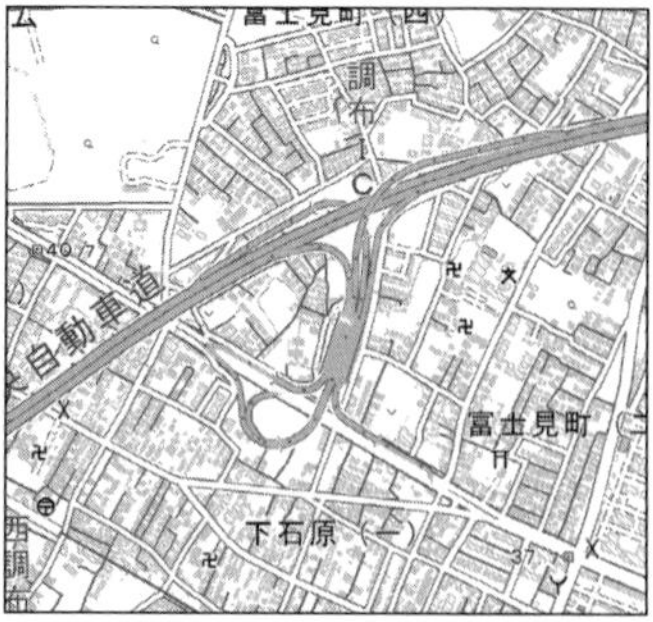

［調布IC］
用地の制約で本線がY型で一般道側がトランペット型という変則的な形に

ハーフインターチェンジ

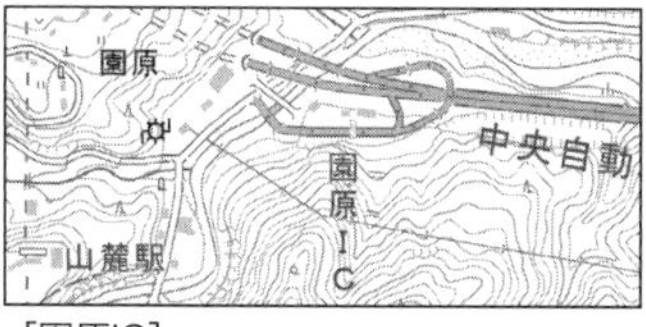

［園原IC］
名古屋方面とのみ行き来できる

スマートインターチェンジ

［笛吹八代スマートIC］
用地をコンパクトにできる

CHUO 3-09

高速道路に付いているいろいろ（標識編）

高速道路では、案内標識にも様々な工夫が凝らされています。ジャンクション、インターチェンジ、サービスエリア、パーキングエリアのなどの案内（予告）が2km手前から始まるのも、分岐する／しないという判断を事前にドライバーに促すものです。

案内標識は、一般道では青地に白文字ですが、高速自動車国道や自動車専用道路では緑地に白文字の標識が指定されています。これは「道路標識、区画線及び道路標示に関する命令」によって定められています。

ところで、高速道路の案内標識の文字には、現在2種類の字体が混在していることにお気付きでしょうか？

従来から使われていた字体は、1963（昭和38）年の名神高速開通に合わせて開発されたもので、日本道路公団にちなんで「公団文字」と通称されています。高速走行時の視認性を高めるための工夫が随所に凝らされていて、漢字の偏《へん》と旁《つくり》の横画の高さを揃えたり、画点の一部を省略されたりしています。愛着を感じていらっしゃるドライバーの方も多いのですが、その見た目があまりに独自過ぎて「画点が足りない」「漢字が間違っている」という問い合わせも絶えなかったといいます。

また、フォントセットがないので、仕様書に合わせて標識メーカーが1文字1文字デザインしていたそうです。そのため標識ごとにバラつきが出たり、前例がない新しい漢字が出てきた場合は標識メーカーで自作したりという手間もかかっていました。

そのため、高速道路会社3社では、2010（平成22）年7月に、公団文字に代えて市販のヒラギノ角ゴというフォントを採用することに決めました。また、フォントが変わっただけでなく、文字の大きさ（高さ）も従来の50cmから55cmへと、一回り大きくして視認性をより高めています。

現在、高速道路の標識はヒラギノ角ゴへの統一が進められていますが、伝統ある公団文字が消えてしまう一抹の寂しさも感じます。旧来の標識も耐用年数が残っているうちは取り替えられないだろうと思っていましたが、ここに来て、高速道路ナンバリングを追記するための更新が加速しています。公団文字の消滅は案外近いかもしれません。

高速道路を走行中、車線脇に数字が書いている小さな標識を目にしたことがあると思います。これはキロポスト（距離標）といいます。キロポストには、起点からの距離を0・

1㎞単位で記してあります。事故や渋滞箇所を知らせる交通情報で一般向けにも使われていますので、覚えておいて損はありません（実は一般道路にもキロポストは設置されています）。

キロポストには高速道路上の地点を特定させるという目的があり、厳密な距離が表記してないこともあります。例えば、中央道富士吉田線のキロポストは「高井戸起点からの距離（下2桁）」に300を足したものになっています。下り線・大月JCTの分岐点付近で、「67」の次が「367・1」となる具合です。中央道の本線は344・3㎞ですから、重複することなく中央道上の固有の数字で地点を表現できるというわけです。

キロポストは、白地に緑色の文字で表記されていますが、1㎞ごとのものは緑地に白文字で目立つようになっています。高速道路の標識の中では小さな部類になりますが、それでも横幅70㎝、縦40㎝あり、新聞紙を広げた大きさよりも1回り小さいぐらいのサイズがあります。また、NEXCO中日本管内では10㎞ごとの標識は会社ロゴ入りのスペシャル版になっています。

恵那山トンネルなどの長大トンネルでは、壁面に大きくトンネルの入口からの距離が書かれていることがあります。これも、ドライバーに現在地とトンネル内の進行状況を知らせるためのものです。

新旧の書体が混ざっている標識

「新宿100km」のサイン。葉が茂って見えにくくなっているが……

中央道上り線・釈《しゃ》迦《か》堂《どう》ＰＡ手前には「新宿　１００km」の看板が立っています。中央道の起点は高井戸ですから、キロポストだと94・１km付近になります。新宿副都心の超高層ビルのイラストが描かれていて、東京へ向かう気分を盛り上げてくれます。よく見ると星が描かれています。休日の夜、東京方面へ帰宅される方にもいい目印でしょう。

自治体の境界には市町村名を表記したカントリーサインが立っています。名所旧跡や名物、偉人などが絵入りで示してあるので、いくつもの市町村を跨いでどんどん進んでいく高速道路では旅行気分を高めてくれていました。

近年の市町村合併を反映して、自治体名を更新したり、同じ市になったところは旧町村のものを間引いたり、維持管理はしてあるようですが、年月が経過し色褪せてしまっているカントリーサインよく見かけます。現在地の把握はカーナビで事足りてしまう時代かもしれませんが、こうしたアイテムは残っていってほしいものです。

CHUO 3-10

高速道路に付いているいろいろ（設備編）

これまで紹介してきました電光掲示板やハイウェイラジオ、非常電話、標識以外のもので、高速道路の道路脇にあって気になるものをピックアップしてみます。

風の強さを伝えてくれる吹き流しは、一般道では見かけない高速道路独自の設備といっていいでしょう。吹き流しが真横になると、おおよそ秒速10ｍの風が吹いていることを示しています。こうなると、ハンドルを取られたり、場合によっては横転したりという危険性が増します。注意しましょう。

安全運転のために、前の車との車間距離を適切に保つことも必要です。高速走行では衝突は重大な事故に繋がりますので、特に配慮が必要になります。レーンマークで距離を測る以外に、高速道路では車間距離確認の標識がありますので、目安になります。

青色のマスを黄色の四角が取り囲んだり、黄色の十字で真ん中のマスだけが青だったり、そんな陣取りゲームのような標識もあります。これは管理業務用の標識で、投雪禁止区域指定標示板と言います。高速道路の下を道路が通っていたり、民家が隣接していたりして、外に雪を飛ばせない区域を指定しています。

遮音壁が続く区間で、赤色の逆三角形の標識が付いている箇所があります。よく観察するとそこだけ扉が付いているのが見えます。遮音壁で開口部を示しています。

交通管理者の警察が設置している設備もあります。ドライバーが気になるのは自動速度取締機でしょう。摘発すること自体が目的ではなく、速度規制を守ることで安全・順調な交通を促すために取締を行なっていますので、取締を実施していることを知らせる標識が事前に出てきます。自動速度取締機を見てから速度を落とすのではなく、常に制限速度を意識して安全な走行に努めましょう。

投雪禁止区域指定標示板と開口部を示す逆三角形標識

また、カメラが付いた装置で自動速度取締機と間違われやすいものに、Nシステム（自動車ナンバー自動読取装置）があります。こちらは走行車両のナンバープレートを読み取って盗難車や車で移動する犯罪容疑者を追跡するためのもので、走行車線だけでなく路側帯にもカメラが向けられているのが特徴です。

CHUO 3-11

高速道路を跨ぐものに注目すると高速道路の「気遣い」が見えてくる

高速道路では、ドライバーへの圧迫感を取り除き、安全・快適に高速走行できるようにするために、できるだけ上部に構造物を作らないという工夫がなされています。一般道ではよく見かけるアーチやトラスの橋を、高速道路ではほとんど見かけないのはこのためです。実際にはアーチやトラスの構造の橋はありますが、ほとんどの場合、ドライバーの視界に入らないように、構造物は路面の下に用いられています。

とは言っても、高速道路を跨ぐものがないわけではありません。鉄道や道路の高架橋、掘割区間の跨道橋、大型の電光掲示板や自動速度取締機の桁フレームなど、頭上を越えていくものはいくつもあります。

単調になりがちな高速道路のドライブでは、こうしたものが意外と印象に残ったりするものです。多摩川を渡ってすぐに現れる多摩都市モノレールの高架橋や、富士吉田線を跨ぐリニアモーターカー実験線のアーチ橋などは、橋が架かっているというだけでなく、走行中の車両と遭遇するとそれだけで嬉しくなってしまいます。

高速道路の跨道橋には、何かあった時の通報の目印にもなるため橋梁名のプレートが付けられています。跨道橋の名称の多くは地名や道路名から採られているのですが、そうではないものもあって、橋梁名を読み解くという楽しみ方もあります。中央道の双葉ＪＣＴから韮崎ＩＣの区間がちょうどおあつらえ向きですので、ご紹介しましょう。

下り線・双葉ＪＣＴに差し掛かると、「双葉ＪＣＴ　Ａランプ橋」が上を跨いでいきます。Ａランプとは本線の上り線へのオンランプのことです。他に名称の付けようがなく、業務用語をそのまま使ったようです。その次に出てくるのは「学校橋」。バス停の命名には「中学校前」といった地元の人だけにわかるようなものもあったりしますが、そんな感じの命名です。しばらく行くと「スポーツ橋」があります。近隣の双葉スポーツ公園に因んだものですが、ここまで省略してしまうのは高速走行時の視認性を考慮してのことでしょう。

下り線・韮崎ＩＣ手前には「回看橋」が架かっています。「かえりみはし」と読みます。この跨道橋は近くにある回看塚にちなんでいるのですが、戦国時代、武田氏滅亡の折、落ちていく武田勝頼一行が新府城《しんぷじょう》を振り返り名残を惜しんだ場所といわれています。即物的な橋梁名だけでなく、こうした、歴史を感じさせるものもあります。

高速道路を横切るものは鉄道や道路だけではありません。水路もあります。橋梁名をよく見ると「○○水路橋」と命名してありますので見分けがつきます。伊北ＩＣの南側では、西天竜幹線用水路の水路橋が頭上を越えていきます。この用水が完成したことによって、昭和３年〜14年にかけて箕輪町から伊那市の西駒台地が開田されました。分岐する水路には水を公平に分配する円筒分水が多数設けられていて、開墾にあたっての農業用水の大切さがうかがえます。

トンネルのようでトンネルでない葛窪トンネル

トンネルではないトンネル状の構造物もあります。烏山シェルター（東京都）は高架橋の上に作られた遮音用の覆い、葛窪《くずくぼ》トンネル（長野県）は鋭角に越えていく道路を支えるためのものです。また、有賀《ありが》トンネル（長野県）もコンクリート製の四角い函（カルバート）の中を潜るような感じで、トンネルっぽくありません。上は県道と江音寺の境内になっています。

CHUO 3-12

高速道路は「観る」のも楽しい！中央道を見に行こう

高速道路を眺める―観賞する―というのも楽しいものです。ジャンクションやインターチェンジの複雑に入り組んだランプ、天を衝くような高架橋の橋脚、田園風景の中を緩やかにカーブを描いて延びていく道路……。土木構造物を鑑賞して楽しむという趣味も、徐々に知られるようになってきました。

中央道はその延長の8割が土工ですからダイナミックな土木構造物は多くありません。むしろ盆地や谷間を通っていますので、周囲の山から見下ろして楽しむのに適しています。手軽に行けて高速道路の絶景を楽しむことができる厳選スポットをご紹介しましょう。

中央道の起点・高井戸からしばらくの間は関東平野を走りますので、なかなか俯瞰スポットが見当たりません。中央道が山間部に差し掛かる絶好の位置にあるのが、高尾山です。ケーブルカーで登って山頂の駅を出ると、すぐ右手に八王子ＪＣＴを見下ろすことができます。展望台に登るとさらに視界が開けます。小仏川の谷間に横に走る中央道に圏央道が交差するのですが、八王子城跡と高尾山に挟まれた狭い土地によくもジャンクションを作ったものだと感心してしまいます。

相模湖東出口付近、下り線の左側、山の上にレジャーランドの観覧車が見えてきます。その手前に、釣鐘を伏せたように盛り上がっているのが嵐山です。標高405・9mの頂上から望む相模湖の景色は神奈川景勝50選にも選ばれている景勝地ですが、湖畔（相模川右岸）をくねくねと走る中央道を見下ろすことができます。

甲府盆地で高速道路を鑑賞するとしたら赤坂台総合公園の展望台です。双葉JCTで分岐した中部横断道の高架橋が、南アルプスをバックに大きくSの字を描いています（第5章扉写真）。反対側には、芝生広場の向こう側に雄大な富士山を眺めることができます。国土交通省が選定している関東富士見百選に選ばれています。双葉スマートICができて、中央道からのアクセスも便利になりました。

塩嶺王城《えんれいおうじょう》パークラインの展望台からは岡谷JCTを見下ろすことができます。諏訪湖を背景に、Y字型のジャンクションと高さ55mの岡谷高架橋を鑑賞できます。手前の谷は諏訪湖から流れ出ている天竜川です。伊那谷を南北に流れ、やがて太平洋に注ぎます。

網掛山は長野県阿智村にある標高1133mの山で、中央道にとっては恵那山の前に立ちはだかり、神坂越えの前に小手調べを挑んでくるような位置にあります。網掛トンネルの直上の山です。中腹には律令時代の官道である東山道が通っていて、古来からの交通路でした。そうした由か、網掛の地名も、遠く近江の国（現在の滋賀県）琵琶湖畔に住んでいた漁師一家の悲劇の物語に由来します。山頂には三等三角点がありますが、そこからは眺望は開けません。東の尾根に地元の方が展望台を作ってくれていますので、そちらに行ってみましょう。展望台からは、阿智PAを過ぎて駒場のカーブを90度に

高尾山から見下ろした八王子JCT。ケーブルカーで手軽に登ることができる

嵐山から見下ろした中央道

折れ曲がった中央道が、阿智川を跨いで大きく蛇行しながら網掛トンネルに向かって登ってくる様子をつぶさに捉えることができます。その線形のうねり具合は、本当にこれが高速道路かと疑ってしまうくらいです。実際、この区間では重大な交通事故が度々発生しています。空気が澄んでいると、伊那山地や、遠く赤石連峰を望むこともできます。山登りで疲れたら、麓の昼《ひる》神《がみ》温泉で汗を流すのもいいでしょう。

塩嶺王城パークラインから見下ろした岡谷JCT。背後に諏訪湖が望める

網掛山から見下ろした中央道の大カーブ。重大な事故が幾度も発生している

CHUO 3-13

高速道路建設中に土偶や化石が出てきた!? 中央道が見つけた遺跡や地学的成果

高速道路建設の際に遺跡が見つかることがあります。既に発掘されていて史跡に指定されている遺跡であれば、路線設計の際に予めコントロールポイントとして避けるように配慮することができます。

しかし、まだ未発見で地中に埋まっている遺跡については、建設工事の際に現地を掘ってみるまで分かりません。もし遺跡が見つかった場合は、試掘を行なって、埋蔵文化財の調査をしながら、遺跡を避ける「地区除外」、保護層を30cm以上取ってそのまま地中に埋めたままにしておく「現状保存」、遺跡を測量したり出土物を保存して記録を取った上で建設を進める「記録保存」のいずれかの対応となります。

遺跡に学問的な価値が認められたり、地元の強い要望がある場合には、地区除外や現状保存となり、高速道路が遺跡を傷つけないように、高架橋で跨いだり、掘り返さないように土盛りにしたり、遺跡の下にトンネルを掘ったりという設計の変更が行なわれることもあります。

中央道の建設の際に見つかった遺跡としては、釈迦堂ＰＡの敷地とその周辺から見つかった釈迦堂遺跡群（山梨県笛吹市）が有名です。縄文時代から平安時代までの長期にわたる複合遺跡ですが、ここの特徴は、とにかく膨大な数の土偶（縄文時代）が出土したことです。発掘当時、全国で見つかっていた土偶の1割に相当する数が釈迦堂遺跡群から出てきました。また数だけでなく、意図的に破壊された土偶の破片が別々の場所から見つかるなど土偶祭祀についても新しい発見がありました。土偶1160点とその他の出土品は国の重要文化財に指定されていて、パーキングエリアに隣接した釈迦堂遺跡博物館で保存展示されています。パーキングエリア内にも博物館の案内看板があり、下り線・上り線のどちらからも歩いて行くことができます。

釈迦堂PAに隣接している釈迦堂遺跡博物館

阿久《あきゅう》遺跡（長野県原村）ではストーンサークルが見つかり、縄文時代の人々の信仰について関心が集まりました。保存運動の結果、埋め戻して、現状保存することに切り替えられました。円形の遺跡を中央道が横切る格好になります。高架橋の設計のままでは橋脚の基礎が遺跡を破壊してしまうため、上に土を盛る構造に変更されました。中央道から直接アクセスすることはできませんが、上り線の中央道原ＰＡから諏訪方面を眺めて、高速道路脇に見える雑木林が遺跡です。

八ヶ岳ＰＡ（上り線）の拡張の際にも、敷地から旧石器時代の横針前久保遺跡が発見されました。

八王子ＩＣの敷地からも弥生時代の宇津木遺跡が見つかっています。方形周溝墓が最初に発見された遺跡として考古学者に知られていますが、残念ながら取り壊されてしまいました。方形周溝墓は、その名の通り、四角形に土を盛った回りに溝を掘った弥生時代の墓の形式です。

中央道繋がりでは、甲府南ＩＣで降りてすぐの甲斐風土記の丘・曽根丘陵公園の上ノ平《うえのだいら》遺跡で、１２５基の方形周溝墓が見つかっています。こちらは公園内に保存されている遺構を見学することができます。

岐阜県瑞浪市では化石を包蔵する瑞浪層群が、中央道の建設によって広範囲にわたって削り取られてしまうことになりました。そこで、建設工事と並行して化石の発掘も進められ、貝や魚、哺乳類、植物など１５００種類もの化石が掘り出されました。今日、これらの化石は瑞浪市化石博物館に保存展示されています。

その土地を象徴する光景になった高速道路
中央道が描かれた郵便局の「風景印」

日本全国を旅している人の中には、郵便局に立ち寄って風景印を収集することを趣味にしている人もいます。風景印とは郵便の消印の一種で、郵便局周辺の名所旧跡や名産品などの「風景」が描かれています。色も、普通の消印が黒色なのに対して、茶褐色（鳶《とび》色）をしています。通常はがきの料金以上のものであれば押印してもらえます。スタンプラリー感覚で集めていく面白さがあります。

この風景印の図柄に、高速道路をモチーフとしているものが少なからずありま

す。そうした図柄の風景印を、実際に中央道を使って集めに行ってみましょう。

まず、図柄になりやすいのがインターチェンジです。ランプが弧を描いている平面図は見ていて楽しいです。茅野上原郵便局（長野県茅野市）は諏訪ＩＣ、羽場《はば》郵便局（長野県辰野町）は伊北ＩＣ、伊賀良《いがら》郵便局（長野県飯田市）は飯田ＩＣが、それぞれ図柄に取り入れられています。ともにトランペット型のインターチェンジの形が描かれていますが、伊賀良郵便局の方はよく見るとランプが1本足りません。正確な平面図ではなく、あくまでも図柄のモチーフですので、こういうこともあります。

岡谷郵便局（長野県岡谷市）の図柄は岡谷ＪＣＴです。長野道の岡谷高架橋が印象的に描かれています。

小牧郵便局（愛知県小牧市）の風景印の図柄には、小牧城、飛行機（小牧市にある県営名古屋空港がモチーフ）と並んで、東名高速の小牧ＩＣが描かれています。本書は中央道の本なので小牧ＪＣＴであって欲しかったのですが、ちょっと残念です。

須玉郵便局（長野県北杜《ほくと》市）の風

景印に描かれているのは、インターチェンジでもランプではなく、料金所のゲートです。入り組んだランプを描いている風景印はいくつもありますが、料金所のゲートが図柄になっているのは珍しいです。

岡谷今井郵便局（長野県岡谷市）も郵便局近くの長野道・岡谷IC、そして塩嶺トンネルの坑口を描いています。よく見ると描かれた料金所の屋根に「岡谷IC」と書いてあります。

恵那山トンネルが描かれた風景印は、長野県阿智村の2局で押してもらうことができます。一つは阿智郵便局で、昼神温泉をモチーフとした入浴中の女性と共に描かれています。上下線での坑口の違いや、今は取り壊されてしまった換気塔など、詳しく描かれています。もう一つは、園原郵便局の風景印です。こちらは園

原地区から富士見台高原にかけての観光名所が所狭しと入っていますが、その一番下に恵那山トンネルが描かれています。では恵那山トンネルの岐阜県側ではどうかというと、中津川市の馬籠郵便局や神坂簡易郵便局が坑口に近いのですが、いずれも馬籠宿をモチーフにした図柄になっています。馬籠は有名な観光地なので、恵那山トンネルは選ばれなかったということでしょう。ちょっと残念ですが、仕方ありません。

最後に、筆者が一番お気に入りの高速道路図柄の風景印を紹介しましょう。インターチェンジやジャンクションの平面図が入った風景印も好きなのですが、中央道の沿線の郵便局の風景印で一番を選ぶとすると、富士吉田郵便局（山梨県富士吉田市）のものです。富士山をバックにして、その麓まで延びる富士吉田線が描かれています。秀麗な富士山と雄大な景色、本来はこちらの路線が小牧まで繋がるはずだったという中央道の歴史、風景印を見ているだけでいろいろなストーリーが思い起こされます。

実は、風景印収集の魅力というのは、こうした想像力を掻き立ててくれるところにあるのかもしれません。

本書では中央道の沿線に限ってご紹介しましたが、もちろん他の高速道路を描いた風景印もあります。旅行の際に郵便局に立ち寄って風景印を集めてみてはいかがでしょうか。

CHUO 3-15

特撮からアニメまでさまざまな作品に登場する中央道

映画やアニメの舞台となった実在の場所を「聖地」と呼んで、作品のストーリーをなぞって訪ねてみる人も増えています。映像の中に一瞬ちらっと出てくるだけの背景も、それが実際の町の風景と同じなわけですから、現地を探り当てる謎解きの楽しさがあります。一場面一場面をコレクションしていくスタンプラリーといってもいいかもしれません。

中央道が「聖地」の映画やアニメはあるのでしょうか？　探してみると、いくつか見つかりました。高速道路ですのでその場に行って佇んだりはできませんが、どのようなシーンに登場しているのか鑑賞してみましょう。

高速道路が印象的に描かれるのは怪獣映画です。怪獣映画の中での高速道路は、ただ怪獣に踏み潰されるというよりは、もう少しシンボリックな役割を与えられていることが多いように思えます。

『大怪獣空中戦　ガメラ対ギャオス』（1967年）では、山梨県内の「中央縦断高速道路」の工事現場が主な舞台となっています。無理やり工事を強行しようとする「高速道路公団」と、反対運動を装いながら土地の値段を釣り上げようとする村人という、開発に伴う人間同士の対立を前半で描いています。こうした人間の醜い側面が怪獣の災厄を招いたという、今からすると少々ナイーブにも思えるような台詞もあります。高度経済成長期、高速道路建設は開発プロジェクトの象徴であり、地域にとっての葛藤だったことがうかがえます。

それから50年経つと、怪獣映画の持つ社会性も変わってきますし、劇中の高速道路の役回りも変化します。

『シン・ゴジラ』（2016年）では、東京を脱出しようとする避難民を乗せたバスが上下線の両方にあふれ、道路一面大渋滞を起こしている場面に、中央道の八王子料金所付近が使われました。この作品では、ストーリー展開に絡む情報量の多さを補うために、あえて字幕（キャプション）で場所や状況説明をするという演出が印象的でしたが、前述の渋滞シーンにも「東京都八王子市　中央自動車道」という字幕が入っています。我先を争うがゆえに全体が膠着《こうちゃく》してしまうという、避難パニックを象徴的に表現したシーンでした。

『アイアムアヒーロー』（2016年）でも、中央道が、ゾンビ化する感染症からの避難路になりました。結局は避難のために乗車したタクシーが事故を起こし、交通が麻痺した中央道・富士吉田線の都留ＩＣ〜河口湖ＩＣ間の路上で主人公が佇むというシーンになります。ここまでピンポイントに場所を特定できるのは、インターチェンジの案内標識が忠実に再現されているためです。タクシーが跳ね上がって横転するといった派手なアクションもあり、実際の撮影は韓国でロケを行なわれたそうです。周辺の風景は多少異なっていても、標識一つで場所をどこにでも設定できるというのは高速道路らしい表現です。

標識で場所を示すという同様の手法は、東名高速を舞台としながら実際の撮影は山口県の山口宇部道路などで行なった『サバイバルファミリー』（２０１６年）にも見られます。

ゆうきまさみの漫画を原作にしたオリジナルアニメ作品（ＯＶＡ）『究極超人あ〜る』（１９９１年）は、アンドロイドを主人公とした学園ギャグアニメです。主人公を取り巻く光画部（写真部）の面々によるマニアックな知識を元にしたギャグが人気で、熱心なファン層に支持されています。伊那谷を舞台として田切をΩ字状に迂回するＪＲ飯田線と競争してみたり、地形や鉄道の線形をうまくネタとして取り入れています。光画部のメンバー10人全員を自転車に乗せて疾走するというのがクライマックスなのですが、いつの間にか中央道を走っています。このシーン、伊那谷の段丘上を走るというルーティングがきちんと描写されていて、地理マニアも納得です。

CHUO 3-16

全国一の渋滞区間を持つ中央道 渋滞しないように日夜改良が進む

高速道路という名前とは裏腹に、高速道路といえば渋滞を心配してしまうという方も多いことでしょう。中央道では、東京の近郊区間、小仏トンネル、名古屋口など、渋滞の多発スポットが存在します。

国土交通省がまとめた年間渋滞ランキング（平成29年）では、調布IC～高井戸の上り線の渋滞が年間139万人・時間／年の損失をもたらしているとしてワースト1位になってしまいました。この損失のうち92万人・時間／年は交通集中が原因ということです。大月IC～上野原ICの区間もワースト9位にランキングしています。

また、ピーク時の渋滞のひどさランキングでも、府中スマートIC～稲城ICの上り線の朝7時台がワースト1位になりました。通常、時速100kmで走行すると1kmは36秒で通過することができますが、同区間は153秒余計に時間がかかる、つまり、時速19kmののろのろ運転ということです。

6車線化して渋滞の発生を減らした区間。談合坂SA付近

東京を中心に放射状に接続している高速自動車国道の中で、唯一6車線化されていないのが、中央道です。そのため調布ＩＣから三鷹バス停付近の上り線約3㎞の区間では、路側帯を改修して、付加車線を追加する工事が行なわれたのですが、渋滞解消とまではいかなかったようです。

抜本的な改良工事が行なわれ、従来の4車線から6車線になったのが、中野トンネルを挟んだ大月ＪＣＴ〜上野原ＩＣの区間です。この区間はまだ渋滞ランキングに出てきますが、拡張前と比べると大幅に改善されました。40歳以上くらいのドライバーの方に「最近、笹子トンネル上り線の渋滞がなくなりましたね」と言うと、皆さんうなずきます。実は効果はこんなところに現われているのです。上り線の中野トンネル付近を起点とする渋滞が20km手前まで伸びてしまうと、笹子トンネルに到達してしまいます。延長が５km近い長大トンネルの中に車が滞留してしまうことは、防災上好ましくありません。そこで、笹子トンネルの勝沼ＩＣ側でわざと車線規制をして、流入する交通量を絞っていたのです。１９９１（平成３）年にはのべ２２６回の規制が実施され、それによって平均９・３kmの渋滞が生じました。２００３（平成15）年までには大月ＪＣＴ〜上野原ＩＣ区間が改良され、渋滞の短縮によって、上り線の笹子トンネルの渋滞を聞くこともなくなりました。

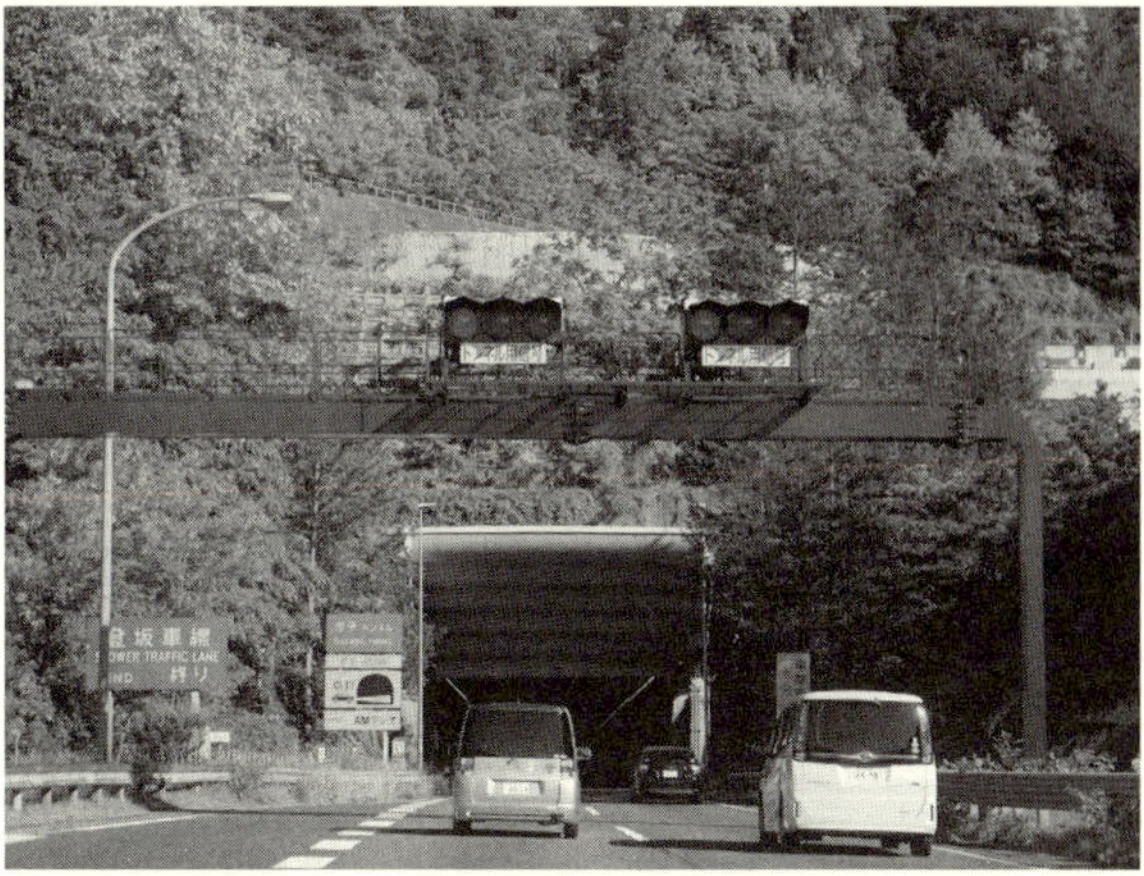

かつては交通規制をかけていた上り線の笹子トンネル

　渋滞名所の小仏トンネルの上り線側に、追加車線用のトンネルを新しく掘るという計画も進んでいます。これが完成して、週末や連休の際の上り線渋滞が緩和されることを願っています。

CHUO 3-17

「均一区間」もあれば距離に応じて高くなる区間もある 高速道路の料金はどうやって決まる?

高速道路を利用する時に気になるのはやはり通行料金でしょう。最近はＥＴＣ（自動料金徴収システム）の利用を前提として、各種割引制度や、首都圏での高速道路ネットワークの整備進捗に伴う交通量の適正な配分を目的とした道路管理者を跨いだ料金施策など、通行区間や時間帯によって実際に支払う料金が変動してしまいますので、ここでは原則について紹介しておきます（以下、料金は普通車のもの。２０１６年4月1日基準）。

①基本料金　高速道路の通行料金は、通行1回当たりの１５０円のターミナルチャージと、走行距離に応じて１㎞当たり24・６円課金される料金の合算になります。

普通車以外の車種には普通車を１・０とした係数が設定されていて、距離当たりの単価にそれぞれの係数を掛け合わせたものが適用されます。ターミナルチャージは全車種共通です。

実際には、これに消費税が加算され、10円未満は四捨五入の端数処理が行なわれます。

②長距離逓減《ていげん》割引　走行距離が１００㎞を超えると長距離逓減割引が適用されます。１００㎞を超えて２００㎞までの部分は25％割引、２００㎞を超える部分は30％割引になります。

③特別区間　全国で10か所（種類）設けられていますが、本書で扱う区間では３か所が該当します。

・恵那山特別区間（恵那山トンネルを含む、中央道・園原ＩＣ〜中津川ＩＣ）　建設費、維持管理費が他区間より高く、受益も大きいためとして、１㎞当たり39・３６円としています。ただしＥＴＣ車については、２０２４年３月31日までの期間限定で、通常の区間と同じ距離単価が適用されています。

・飛騨特別区間（東海北陸道・飛騨清美《ひだきよみ》ＩＣ〜白川郷ＩＣ）　前述の恵那山特別区間と同様です。こちらも２０２４年３月31日までは通常区間と同料金になっています。

・大都市近郊区間（中央道・高井戸〜八王子）　この区間は「均一料金区間」として覚えている方もまだ多いと思いますが、２０１６（平成28）年４月１日からは料金制度上は大都市近郊区間として扱われるようになりました。１㎞当たり29・５２円（通常区間の１・２倍）の単価で計算します。ただし、新料金で高井戸〜八王子を走行すると９８０円になってしまい、それ以前の６２０円との差が大きいため、ＥＴＣ利用車については６２０円を上限としています。ところがこの上限措置には都心発着という条件が付けられています。圏央道をはじめとした首都圏の環状道路網が整備されていくのに合わせて、都心部の首都高速への通過交通の流入を抑制しようとする措置です。また発着地点によって通行料金が変わってくるため、ＥＴＣ車載器からの料金案内の方法もインターチェンジ出口での最終確定料金のみを案内するように変更になっています。なお、ＥＴＣ車以外の車については９８０円（普通車）の一律料金です。

④均一料金区間　中央道・高井戸～八王子が料金制度上大都市近郊区間として扱われるようになったため、本書で扱う路線・区間内にはなくなりましたが、全国で６区間あります。

以上のような主な料金制度と合わせて、生活対策、観光振興、物流対策、環境対策などの目的で各種割引が実施されています。また、民営化によって豊富になったのが、各道路会社が販売している「旅行プラン」です。出発／帰着地を限定して旅行先の高速道路区間は乗り降り自由になる定額の料金プランや、観光施設と提携した高速道路の割引プランなどがあります。割引プランには、自動二輪車向けのものもあります。これらのプランを利用する際には、事前にインターネットで会員登録やＥＴＣ番号の登録が必要になる場合があります。

第4章

高速道路の基礎知識

日本の経済活動の根幹をなす大切な存在

中央道・伊那IC

CHUO 4-01

地図で見るといろいろな色に塗られている高速道路法的にはどういう位置づけ？

高速道路とは、道路の規格や構造上、高速で安全、快適に走行できるようになっている道路のことです。

法律上は、道路法第3条に高速自動車国道として定義されています。道路法は日本の道路制度についての基本法で、公的に認定、整備して広く一般に供される道路のことを定めています。道路法が定める道路には、高速自動車国道以外に、一般国道、都道府県道、市町村道という道路の種別がありますが、一部の例外を除いて、一般交通の用途に無料で開放されることを原則としています。一般交通とは、誰でも、どんな乗り物でも（あるいは徒歩でも）、自由に通行できるという意味です。

一方、高速自動車国道は「自動車の高速交通の用に供する道路（高速自動車国道法第4条）」です。一般交通のための国道ではなく、高速交通を実現するために自動車専用とした国道という特別な存在です。道路法上の道路でありながら、道路法の他の道路とは同列に扱うことが難しいため、高速自動車国道については別途高速自動車国道法で詳細を定めています。

写真は中央道・飯田IC入口に立っている標識です。補助標識に「高速自動車国道」と記してあります。中央道はもちろん高速道路ですが、法律上の道路の種類は、先述の高速自動車国道ということがわかります。高速自動車国道という言葉、耳慣れない法律用語だと思ったら、高速道路の利用者の方は存外よく見かけているかもしれません。

他の標識の意味も確認しておきましょう。乗用車の正面を象った標識は「自動車専用」を示す規制標識です。歩行者、軽車両（自転車はここに含まれます）、125cc以下の小型自動二輪車、ミニカー、原動機付自転車は通行できないことを示しています。さらに、高速自動車国道は通行できないことが定めてある小型特殊自動車と他の車を牽引している自動車も追加で通行できません。

インターチェンジ入口に立って高速自動車国道であることを示す標識

また、高速道路は有料道路ですよという案内もしています。

高速道路が自動車を前提としているのは、当たり前のことですが、人や自転車では長距離を高速で走行することができないからです。オリンピックに出場するマラソン選手でも時速20㎞程度ですし、自転車は競輪では時速70㎞を超えることもあるようですが、限られたレース場の中でのことです。高速で走行できる道路を造るとしたら、現在の交通技術では、歩道でも自転車道でもなく、自動車交通のための自動車専用の道路になります。

道路法は、1920（大正9）年に定められ、その後1952（昭和27）年に大きく改正されて今日に至っています。ところが1952（昭和27）年当初の道路法には、高速自動車国道というカテゴリーはありませんでした。1957（昭和32）年の高速自動車国道法の成立によって、後から追加されたのです。

高速自動車国道法の成立以前にも、自動車が高速で走行できる道路の構想自体は、戦前・戦中「自動車国道」という形でありました。ドイツのアウトバーンを範に取り東京〜神戸間の調査も行なわれたようですが、戦争の激化もあり、法制度として整備されるまでは至りませんでした。また、民間企業が営利目的で自動車専用の道路を運営するための道路運送法という法律はありますが、必ずしも高速走行を意図したものではありません。そうした従来の道路体系を超えたものとして高速自動車国道は誕生しました。

CHUO 4-02

誰が計画してどう建設するの？ 高速自動車国道の整備手続き

高速自動車国道が建設されるまでの手続きを見てみます。

行政の手続きについてですから、半分が法律の話です。高速自動車国道が高速道路たる所以の、他の道路や鉄道との立体交差、沿線設備が道路に連結することの制限、出入の制限、そして自動車交通に限定するといった基本仕様については高速自動車国道法に定められています。

ですが、実際に高速自動車国道が整備（建設）されるには、同法以外に、国土開発幹線自動車道建設法と道路整備特別措置法（以下、道路整備特措法）および民営化に関する各種法律に跨って、手続きが進められる必要があります。

高速自動車国道の路線として指定されるには、その前段階で予定路線になっていなければなりません。いわば一次選抜リストです。

この予定路線の大部分を決めているのは、国土開発幹線自動車道建設法という別の法律です。国土開発幹線自動車道というまた新しい道路のカテゴリーが出てきましたが、字義通り、日本の国土開発に必要不可欠な幹線となる自動車道路として理解しておけば十分です。

同法の目的だけを見ると「国土の普遍的開発」「画期的な産業の立地振興及び国民生活領域の拡大」「新都市及び新農村の建設」といった文字が並びます。国土開発のためにはこれだけの幹線自動車道路網が必要であるというグランドデザインを国土開発幹線自動車道建設法が描き、その自動車道路網を、高速で走行できる自動車道路として性格付けるのが高速自動車国道法と理解できます。

予定路線は、高速自動車国道法第3条第三項の規定によって政令で決めることもできるのですが、高速自動車国道43路線のうち、この手続きに拠るものは、関門自動車道、成田国際空港線、沖縄自動車道、関西国際空港線の4路線、77㎞だけです。

予定路線段階では、起点と終点、主な経由地くらいまでしか決まっていません。それに加えて、車線数や設計速度、道路等との主たる連結地、建設主体などの基本事項を決めていくのが基本計画です。さらに、経過する市町村、バス停の数、概算費用など建設に向けての具体的な事項まで検討が進んだ段階が整備計画です。

整備計画ができるといよいよ着工かと思いますが、最後に大きな試練が待ち受けています。建設費用を誰が出すのかという問題です。現在の制度では、有料道路方式と新直轄方式（197ページ参照）があります。

有料道路方式の根拠となっているのが道路整備特措法です。ここでまた、高速自動車国道は、道路は一般交通に対して無料で公開されるという道路法の原則と衝突します。それゆえに、有料道路になっているのは特別な措置というわけです。

現行の道路整備特措法は「高速道路民営化」に合わせて2004（平成16）年に新しく制定されたもので、東日本、中日本、西日本の地域別の三つの高速道路会社（株式は政府が100％保有）が道路を建設して通行料金を徴収できるようになっています。

ただし、高速道路建設に関わる巨額の建設費を高速道路会社が抱えるとバランスシートが債務超過になってしまいますので、道路資産と債務を合わせて別組織の独立行政法人日本高速道路保有・債務返済機構法（以下、高速道路機構）が受け持ち、各高速道路会社は高速道路資産を借り受け、その賃貸料を高速道路機構に支払うという形を取っています。両者間で予め協定を締結して、その協定のリストの中の道路について各高速道路会社が建設できることになっています。

有料道路方式に拠らず、新直轄方式として建設される高速自動車国道も整備計画段階の路線・区間のうち865㎞、全体の1割弱あります。新直轄道式の路線・区間は国（国土交通大臣）が建設を行ない、供用されると無料で通行ができます。

国土開発幹線自動車道の法的手続き

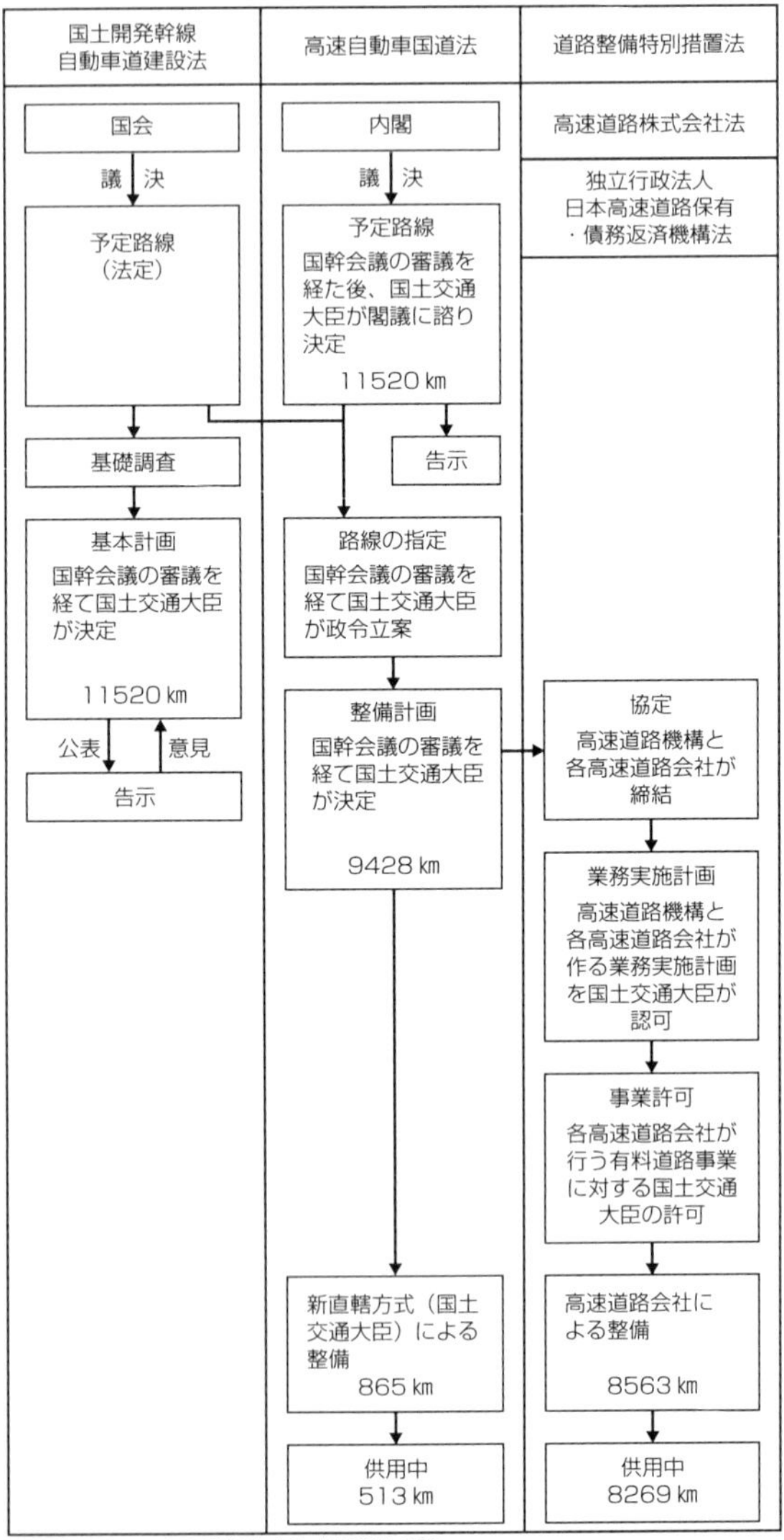

※国幹会議＝国土開発幹線自動車道建設会議
※平成 28 年度末現在

高速自動車国道の建設がこうした複雑な仕組みになっているのは、どうしてでしょうか？ それには戦後日本の高速道路法制史ともいうべき歴史の理解が必要になりますので、稿を改めることとします。

CHUO 4-03

戦前に存在した自動車国道構想とは

日本の高速道路と中央道の歴史①

日本の高速道路の歴史は1963（昭和38）年の名神高速道路栗東《りっとう》IC〜尼崎《あまがさき》ICの開通により幕を開けますが、構想自体は戦前からありました。

アメリカでは1920年頃から、「乗用車」専用道路であるパークウェイ（無料）や有料の高速自動車専用道路であるターンパイクといった、自動車を他の交通から分離して安全、快適、高速に走行できるようにする専用道路が実現し始めます。

また、ドイツでは1933年にライヒス・アウトバーン（帝国自動車道）が法制化され、当時の時世に沿って世界恐慌対策や国民意識高揚策の側面を持ちながら、積極的に建設が進められていきます。

こうした海外情勢に刺激を受けて、日本でも、1938（昭和13）年頃より、当時道路行政を所管していた内務省において高速道路についての調査・研究が始まります。

筆者が着目するのは、1940（昭和15）年に内務省が作成した『自動車国道説明書』

です。同説明書では、自動車や歩行者、荷車などが混在して交通する「混合交通」では自動車本来の高速走行ができず、この課題は国道や府県道の従来通りの改良政策では実現できないとします。そして、自動車の高速走行のためには、専用道路を新たに建設することが必要だと説きます。それが「自動車国道」です。今日の道路制度では「高速自動車国道」ですが、まさにその原型（用語もそっくり）となる概念がこの時点で既にできあがっていたことがわかります。そして、自動車国道構想は、総延長５４９０㎞という全国自動車国道網計画にまとめあげられます。

ちなみに、この時点の計画図には、現在の中央道に相当する路線は見当たらず、東京から群馬県を経て長野市に至る路線と、名古屋市から松本市を経て長野市に至る路線が書き込まれています。

この全国自動車国道網計画が立案された翌昭和16年末には、日本は太平洋戦争に突入するわけですが、そうした情勢の中でも実現に向けての取り組みが進められます。道路網の中でも東京〜福岡が

戦前の全国自動車国道網計画図

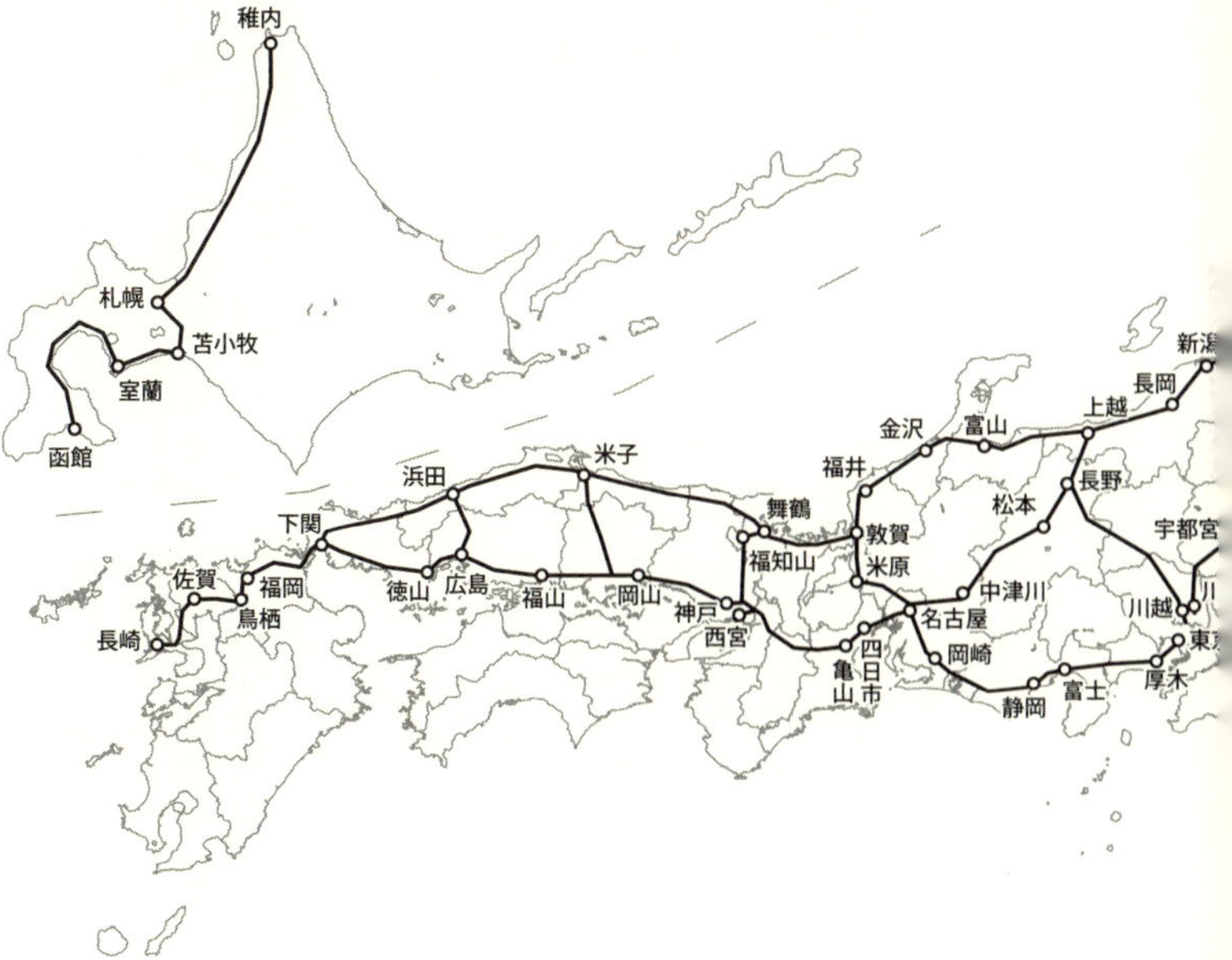

「最も急施を要する」道路と位置付けられます。さらに東京～神戸（東海道ルート）の区間が最優先として国道建設調査費が付けられ、名古屋～神戸（木津川ルート）については実施計画がまとめられるところまで進みます。1944年のことです。

しかし戦争の激化によって、戦前の高速道路建設に向けての動きは、そこで打ち切られてしまいました。

CHUO 4-04

中央道誕生前夜（昭和22年～29年）

日本の高速道路と中央道の歴史②

戦後日本の高速道路構想は中央道と共に始まります。それも、戦前の全国自動車国道網計画とは別の、民間主導の経済復興・国土開発構想とそれを受けた議員立法として話が進んでいきます。

戦後日本がまだ連合国の占領下にあった１９４７（昭和22）年、静岡県沼津市の実業家（のちに参議院議員）田中清一が「総合国土開発田中案」を発表します。

経済復興、特に食糧や資源の確保と復員軍人や海外植民地からの引き揚げ者の雇用機会の創出のためには、新たに山岳地帯に開発フロンティアを求めるべきで、そのために日本の脊梁山脈である南アルプスを貫いて東京～神戸に本州縦貫中央道路を建設すべきという内容でした。現在の中央道は諏訪湖畔を経由していますが、田中案では山岳部を貫いて最短距離で結ぶルートでした。

筆者にとって興味深いのは、田中案はその主目的を南アルプスの山岳地帯開発と言っておきながら、道路の路線としては東京と神戸を繋いでいる点です。山岳地帯へ、中京さらには関西からの呼び込みを見込んでいるということもあると思いますが、路線が神戸まで繋がっていたことが、結果として、この構想の命脈を保つことになります。

いかにも戦後期らしいのが、これが一民間人の構想に終わることなく、GHQを通じて世に送り出される機会を得たということです。1949（昭和24）年GHQ主催の国土計画展覧会の場では、昭和天皇・香淳皇后や吉田茂首相の前で田中清一自ら進講に及んだといいます。建設省でも検討の俎上には載せられますが、2車線、当時の二級国道想定でした。山岳地帯開発の林道建設ぐらいの認識だったことがうかがえます。

田中案はその後、議員立法の形で法制化に向けて動き出します。

まず1954（昭和29）年、社会党右派議員によって「国土開発中央自動車道事業法案」が国会に提出されます。事業法となっているように、国土開発中央道事業公社を設立し、同公社が中央自動車道の「自動車道事業及び自動車運送事業」を行います。それだけでなく、「沿線の土地、森林、電気事業等を一体的に経営」して、「沿線地帯における豊富な森林、水力、地下、観光、土地等の未開発資源の開発、精密工業または酪農等の避地産業の立地振興、これに伴う新都市及び新農村の建設等いわゆる総合開発（国会提案趣旨説明より）」を図っていくという内容でした。戦前の南満洲鉄道株式会社（満鉄）が鉄道事

今日の中央道の原型となる本州縦貫中央道路を提唱した田中清一氏の顕彰碑（上り線・神坂PA）

業を中心に植民地の殖産事業全般を経営していたのと似たような印象を受けます。

この法案は、国会で、道路行政を扱う建設委員会ではなく、戦後復興のための総合経済政策や国土開発を審議する経済安定委員会（行政機関の経済安定本部に対応）に提出されました。経済安定本部が進めた事業には北上川や只見川の総合開発計画（ダム建設）がありました。中央道事業法案の主旨が、これら事業と同類の国土総合開発であったことがわかります。

ただし、当の経済安定本部は1952（昭和27）年に解散となっていて主管官庁が曖昧だった上に、大蔵省（現、財務省）も法案に反対意見を出します。結局、中央道事業法案は審議未了の廃案となりました。

CHUO 4-05

国土開発縦貫自動車道建設法の成立（昭和30年～32年）

日本の高速道路と中央道の歴史③

中央道事業法案は廃案となりましたが、縦貫自動車道を建設することで国土開発・経済発展ができるというアイディアは国会議員を魅了します。

1955（昭和30）年、今度は与野党超党派の衆議院議員430名の合同提案という形で国土開発縦貫自動車道建設法（現行・国土開発幹線自動車道建設法の旧法。以下縦貫道建設法）が提出されます。この430名という数字は、当時の衆議院議員の総数は467名のうち、法案提出に関わることができない大臣・政務官を除いた全員といいますから、国会議員たちの熱狂具合がうかがえます。日本縦貫高速自動車道協会というロビー団体も結成されました。

縦貫道建設法では、目的こそ国土開発、新都市および新農村の建設を謳っていますが、その内容は3000kmの縦貫道を全国に建設するというものでした。山間部の拓殖事業経営は概ね削除され、道路の法案らしくなりました。そして、中央自動車道以外に、東北自

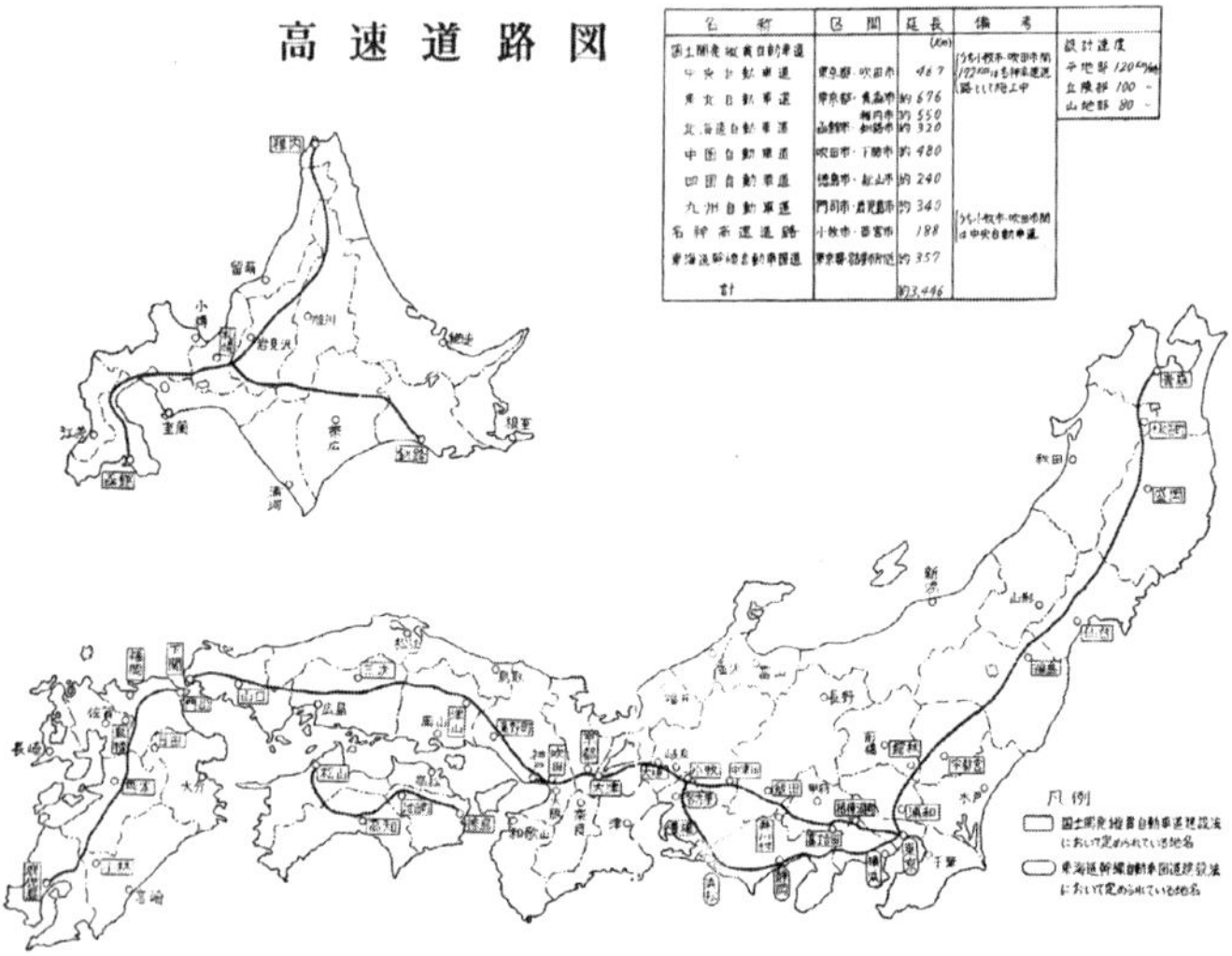

国土開発縦貫自動車道6道路7路線と東海道幹線自動車国道(『道路総覧　昭和37年』より)

動車道、北海道自動車道（2路線）、中国自動車道、四国自動車道、九州自動車道の6道路7路線を計画していました。

　これが今日の高速道路ネットワークの原型となります。ただし縦貫自動車道ということにこだわったために、戦前の全国自動車国道網計画の5490kmという総延長には全然達していません。

　衆議院議員の9割以上が提案者となっている法案ですから可決は目に見えているのですが、議員提案のため、法案として詰め切れていない部分が多々ありました。その最たるものは所管省庁が曖昧ということなのですが、それは自動車道の性格付けがはっきりしていなかったことにもよります。

自動車道の性格付けというのは、縦貫道は、道路運送法に基づく有料事業としての自動車道なのか、それとも道路法の道路として位置付けることが可能な性格のものなのかという論点です。現在は国土交通省になっていますが、当時は運輸行政と建設行政で省が分かれていて、道路運送事業については運輸省と建設省の共管、道路については建設省が所管していました。自動車道の性格付けいかんによって所管する省が異なってくるという、省庁間の縄張り争いが絡む問題でした。

縄張り争いというとどちらの省庁が主導権を取るかというふうに考えがちですが、この時は、面倒事をいかにして相手に押し付けるかという「消極的な縄張り争い」という側面もありました。

というのも、議員提案された縦貫道建設法に対して、時の鳩山内閣は７７００億円という巨額な建設費の見積もりを理由に「本法案を早急に制定する必要は認められない（『国会法第57条の3の規定に基く内閣の意見要旨』昭和32年7月29日閣議決定）」という態度を取ります。政権としてやらないと決めていることを、個別の省庁が旗を振って積極的に取り組むことは考えられません。

法案審議の中では、道路運送法の一般自動車道に該当するという論調も多々見られました。そのまま行けば縦貫道は運輸省の所管となっていたかもしれませんが、やはり、運輸省は消極的な態度です。

縦貫道建設法は、当初、道路建設・経営の実施機関として日本国有自動車道公社の設立を想定していました。ネーミングからして日本国有鉄道（国鉄）そっくりです。昭和24年に国鉄が発足したばかりの運輸省としては、さらに日本国有自動車道公社も抱えてしまうと、鉄道と自動車道路という長距離輸送を担う機関同士が省内で競合してしまうことにもなりかねない。だから慎重に――国会議事録の大臣や事務次官答弁を読んでいると、そんなことを言っています。もしかしたら運輸省の本音だったかもしれません。

一方の建設省は、縦貫道建設法が審議さなかの1956（昭和31）年に、我関せずとでもいうかのように、あくまでも道路整備を促進するための償還主義の有料道路建設という建前で新・道路整備特措法と現業組織としての日本道路公団法を提出し、成立させます。

日本国有自動車道公社と日本道路公団は、同じものなのか？　違うものだったら同じような組織が重複してしまうではないか？　そうした疑問は当然起こります。それに対して建設省は、日本道路公団は道路法上の道路の建設促進のための有料道路を運営する団体であって、国土開発縦貫自動車道のようなまだ性格付けがなされていない道路については何とも言えない――のらりくらりとした態度の国会答弁に終始します。

さて、こうしたバラバラの動きが最終的にどうなったでしょうか。縦貫道建設法が抱える様々な論点を整理して、一つの合理的な法体系にまとめ上げるための法案が、翌1957（昭和32）年3月7日に国会に提出されます。それが高速自動車国道法です。

同法では、高速自動車国道という新しい概念を挿入し、高速自動車国道を道路法が定める道路の一種類と定義します。高速自動車国道という名称も、一般国道（当時は一級国道、二級国道）と対比すると、自動車が高速交通するための国道というコンセプトがはっきりわかります。そして何よりも、道路法上の道路ということは建設省所管を意味します。

道路法上の道路であれば、既に用意されていたスキーム――道路整備特措法による有料道路化と日本道路公団を事業主体としての施工――にも乗せることができます。消極的な縄張り争いの一方で、着々と現地調査を行ない既成事実を積み上げていた建設省が、道路整備特措法と日本道路公団をうまく受け皿として、高速自動車国道という果実を受け取った格好になりました。

議員提案から足掛け3年、同年4月16日、縦貫道建設法が成立します。高速自動車国道法の成立は、その9日後の同年4月25日のことです。政権も、鳩山一郎から、石橋湛山を経て、岸信介に替わっていました。

CHUO 4-06

中央道のライバルは東名だった（昭和26年〜昭和31年）

日本の高速道路と中央道の歴史④

戦後の道路行政は、１９４７（昭和22）年の内務省解体によって、建設省が受け持つことになりました。

建設省は、戦前の内務省から引き継いだ全国自動車国道網計画を下敷きに、１９５１（昭和26）年から東京〜神戸の有料高速道路（東海道ルート）についての調査を再開し、その内容を１９５４（昭和29）年に「東京・神戸間高速有料道路建設計画概要書」としてまとめます。

戦後日本にはとにかく予算がありません。そのため、外資を導入して建設し有料道路として償還をするということを前提に省内では話が進んでいきます。外資導入が前提のため、アメリカからコンサルタントを何度も招致しては、経済的な実現可能性（フィージビリティ）についての調査を行なっています。「日本の道路は信じ難い程悪い」という言葉で有名になったワトキンス・レポート（１９５６年）も、まさに名古屋〜神戸の高速道路ための経済調査でした。

こうした動きを進めていたさなかに、（建設官僚にとっては）降って湧いたのが国土開発中央自動車道事業法案であったり縦貫道建設法の話でした。しかもその構想というのは、東京と神戸の間を結ぶ南アルプスの山岳地帯を縦貫するという荒唐無稽なルートで、建設省が想定している東海道ルートとは異なっています。

建設省にとって幸いだったのが、縦貫道建設法案に対して内閣が消極的な姿勢を取ってくれたことです。つまり、縦貫道建設法案と中央道ルートはリンクしていますので、中央道については冷淡を装うのがある意味自然な態度です。一方で、自らが進める東海道ルートは縦貫道構想には含まれていませんので、あくまでも別件として話を進めることができます。

実際、建設省は着々と話を進めていました。ただし東京～神戸全体のルートの中でも、名古屋～神戸の区間です。具体的には、昭和32年度予算に、戦前の内務省調査が木津川沿いのルートになっていたのを関ヶ原を経て琵琶湖南岸を通るルートに変更するための調査と、木曽川、揖斐川《いびがわ》等の橋梁の調査を実施するための予算を盛り込みます。

こうした状況のところで、縦貫道建設法が高速自動車国道法と共に成立し建設省が所管官庁となります。そこで、同法に急遽修正が加えられたのが、中央自動車道の小牧市付近から吹田市までの区間（名神高速に該当）が法律施行当初から予定路線とされ、すぐに関連する予算執行が可能な状態とする点です。

縦貫道建設法の審議の過程では、別表という形で既に路線のリストが決まっているということが問題視されていました。採算性や技術的な観点からの実現可能性（フィージビリティ）調査が行なわれないままに、法律でもって予定路線が決まっているということでプロジェクトが強行されてしまうことについての懸念です。これは、行政側からのもっともな主張です。

結局、縦貫道建設法の別表は予定路線のさらに候補リストという位置付けであって、予定路線とするためには別途法律の成立を必要とした形になりました。建設推進の議員からすると、このままでは縦貫道は絵に描いた餅にすぎません。

そこまでハードルを高くしておいて、ただ一つ作られた例外が、先に書いた名神高速に該当する区間です。それも、縦貫道建設法成立前に、既に昭和32年度予算で調査費を確保してしまっていましたという理由からです。いったん全路線を予定路線から外させた挙句のこれですから、ご都合主義ともいえます。

建設省からしてみると、自らが進めていた東京・神戸間有料高速道路をいったん諦める代わりに、いずれ必要になる小牧市付近から吹田市までの区間の着工は担保された形にな

名神高速の開通を記念して名付けられた名神町（兵庫県尼崎市）

りました。名を捨て実を取ったということかもしれません。

縦貫道中央自動車道のうち名神高速となる区間は、１９５７（昭和32）年のうちに建設大臣から日本道路公団に対して施工命令が発せられ、１９６３（昭和38）年にまず最初の区間である栗東ＩＣ（滋賀県）〜尼崎ＩＣ（兵庫県）が開通します。日本のハイウェイ時代の幕開けと報じられ、沿線は高速道路開通に熱狂しました。

CHUO 4-07

東名とのルート争いと諏訪回りへの変更（昭和32年〜）

日本の高速道路と中央道の歴史⑤

縦貫道建設法の審議過程では、建設省と運輸省との間で「消極的な権限争い」があったことを見てきました。東海道ルート（以下東名ルート）を推進する建設省にとっては、法案に対して冷淡な態度を取ることで、自然と中央道ルートに対して牽制ができていました。ですが、いったん法律が成立し、高速自動車国道として建設省の所管事項となると、東名ルートと中央道の論争はどちらも建設省内での話になります。

両ルートは対立のように書かれることが多いですが、客観的に見て、建設省にとっては最終的に両方とも建設することが権限の最大化になることを忘れてはなりません。共倒れになることを避けながら、両方推進していくにはどのようにしたらいいか。そうした観点で以下の経緯を見ていくと、また新しい発見があるかもしれません。

筆者の手元に「東京、大阪間の陸上輸送体系の整備について」という1960（昭和

35）年3月15日付の閣議報告文書があります。岸内閣当時、関係閣僚によって内容が確認され、右上に「極秘」のスタンプが押されたこの文書には、東名ルートと中央道、どちらを整備するべきかについての検討結果が赤裸々に書かれています。

文書の中身を見ていくと、まず、東海道・国道1号について、1965（昭和40）年までには限界に達し、新たな幹線道路（東名ルート）の建設が必要になるという認識が示されています。一方、中央道については「その開発効果は他地域に比し高いものとは云いがたく、「不経済な投資と思われ」ると、厳しい評価をしています。「わが国の経済力から見て、東京大阪間の高速道路路線の重複同時着工はさけるべきである」という全体方針から見て、この文書が意図するところは、東名ルートの建設と読めます。

ところがこの文書の真の意図は別のところにありました。最後まで目を通してみると、結論として書かれているのは「縦貫道法の規定に基き、この際（中央道の）予定路線の法案を提出しても支障はない」ということであり、これについて関係閣僚が合意したことを閣議に報告しているのです。これが政治というものなのでしょうか。なんとも、わかりにくい内容です。

1957（昭和32）年に成立した縦貫道建設法は、高速道路建設構想としては二つの意味で未完の法律でした。

一つは、同法の別表（リスト）には、中央自動車道（起点：東京都、終点：吹田市）をはじめ6道路7路線の縦貫道が記されていますが、これらはあくまでも予定路線の、そのまた候補でしかありません。同法成立時点で、予定路線となったのは小牧市〜吹田市の間だけです。予定路線を追加し、高速自動車国道建設のスキームに載せていくためには、最初の手続きとして予定路線の国会での立法措置が必要になります。

もう一つの課題は、道路網としての完成度が低い点です。戦前の全国自動車国道網計画が5490kmだったのに対して、別表の6道路7路線の合計は3000kmに過ぎません。縦貫道にこだわったために、沿岸部の既存都市の間を結ぶ路線や横断する路線（肋骨路線）は含まれていません。東名高速はもちろんのこと、現在の山陽道、北陸道などの幹線と呼べるルートも、縦貫道建設法では対象外でした。

つまり、東名ルート推進派にとっても中央道推進派にとっても、共に中途半端な法律だったのです。両者の動きは、互いに相手を刺激しないように足並みを揃えて進みます。

1960（昭和35）年7月25日、国土開発縦貫自動車道中央自動車道の予定路線を定める法律と東海道幹線自動車国道建設法が同時に成立します。中央道の方は縦貫道建設法に則ったいわば事務手続きですが、東名高速の方は、高速自動車国道とは縦貫道6道路7路線「と、東海道幹線自動車国道（東名高速）のことである」というふうに法の適用範囲を広げるものでした。

この両者の競争の顛末を先に書いておきます。1962（昭和37）年5月9日に中央道・東京・高井戸IC〜富士吉田IC間に施行命令が出され、次いで同じ月の30日に東名高速・東京IC〜静岡ICに施行命令が出されます。「重複同時着工はさけるべきである」という財務当局の懸念は結果として無視され、同時着工を果たしました。

中央道と東名高速で、先に開通したのは中央道の調布IC〜八王子ICの18・1㎞で、1967（昭和42月）年12月15日に開通します。

その後1969（昭和44）年3月17日までには河口湖ICまで開通し、順調なように見えますが、これにはカラクリがあり、4車線ではなく暫定2車線の開通（段階着工）でした。

中央道のその先の建設は、遅々として進みません。1964（昭和39）年に予定路線が井川ルート（富士吉田〜井川〜飯田）から諏訪回り（富士吉田〜諏訪〜飯田）に変更となった影響もありますが、結局中央道が東京・高井戸IC〜小牧JCTまで全線開通するのは1982（昭和57年）11月10日の勝沼IC〜甲府昭和IC間の開通まで待たなければなりませんでした。最初の区間の開通から足かけ16年を要してしまいました。

一方の東名高速は、1968（昭和43）年4月25日の東京IC〜厚木ICの開通を皮切りに、翌１９６９（昭和44）年5月26日の大井松田ＩＣ～御殿場ＩＣの開通によって東京ＩＣ～小牧ＪＣＴが全線開通するまで1年間しかかかりませんでした。
「わが国の経済の枢要地帯を形成する東海道地域における産業の飛躍的な発展に伴う交通情勢に対処するため、（中略）幹線自動車国道の緊急な整備を図」（傍点筆者強調）るとした東海道幹線自動車国道建設法（第１条）の目的通り、短期間での建設となりました。

１９４７（昭和22）年の田中案での構想当時からずっと、中央道は井川を通り、南アルプスを貫通し、天竜峡に抜ける井川ルートで計画されてきました。１９６０（昭和35）年に国土開発縦貫自動車道中央自動車道の予定路線が法律で定められる際にも、井川ルートは継承されました。

ところが、１９６４（昭和39）年の国土開発縦貫自動車道建設法の一部を改正する法律で、突如、主な経過地から「井川附近」が外され、代わりに「諏訪附近」が追加されます。井川ルートから諏訪回りルートへの変更です。

理由はシンプルで、「不経済な投資」と烙印をおされてしまったルートをそのまま建設を続けることができるかということです。諏訪回りルートにすると従来の井川ルートよりは延長が60km程延びますが、その代わり建設費が１０００億円節約でき、沿線の人口が多

1954年 (昭和29年)	国土開発中央自動車道事業法案(廃案)(中央道・東京～神戸490㎞)
1957年 (昭和32年)	国土開発縦貫自動車道建設法(6道路7路線3000㎞)
1960年 (昭和35年)	国土開発縦貫自動車道中央自動車道の予定路線を定める法律(井川ルート)および東海道幹線自動車国道建設法が成立
1961年 (昭和36年)	三六災害(長野県・伊那谷)
1962年 (昭和37年)	全国総合開発計画(全総)策定。諏訪・松本地域が新産業都市に。中央道・東京～富士吉田、東名・東京～静岡に施工命令(着工)
1964年 (昭和39年)	国土開発縦貫自動車道建設法の一部を改正する法律(諏訪ルート) 東京オリンピック
1966年 (昭和41年)	国土開発幹線自動車道建設法(7600㎞)

く利用も見込め、さらに諏訪から先、長野や日本海側への連絡も便利です。よいこと尽くめのルートです。そして何より、東名ルートの建設が決まっている以上、南アルプスを貫いてまで短絡ルートを選ぶということの優位性は薄れていました。

こうした状況に一番危機感を持っていたのが、中央自動車道建設推進委員会（以下、中央道推進委）委員長だった青木一男です。

青木は、大蔵大臣や戦時中の大東亜大臣を歴任したことのある政治家で、当時自由民主党の参議院議員でした。長野県更級郡《さらしなぐん》牧郷村《まきさとむら》（現・長野市）の出身でもありました。彼は、井川ルートで建設が事実上凍結になってしまうことよりは、現実的な諏訪回りルートへの変更を選びます。

1962（昭和37）年12月、青木は、山梨・長野両県にそれぞれ調査費の一部を負担するという了解を取り付け、建設省に諏訪回りルートの調査を進めるように申し入れます。このタイミングは、当時ほぼ3年ごとに更新されていた「道路整備五箇年計画」の次回（第4次）更新が1964（昭和39）年にあるのを見越していたといいます。そして、その通りにストーリーが進んでいきます。

1963（昭和38）年5月、国会議員や関係自治体の首長らで構成される中央道推進委の場で、青木一男は委員長独断という形で中央道・諏訪回りルートを提案します。独断とはいいながら、山梨・長野両県は既に調査費を出しているのですから、既定路線の追認の場の意味しかありません。塩山市、韮崎市、駒ヶ根市、小牧市の各市長も賛成を示します。その中で一人反対したのが、ルートを外される立場の佐野祥盛身延《みのぶ》町長でしたが、結局その場は天野久山梨県知事に説得される形で、地元自治体の「総意」として諏訪回りルートへの変更が決まりました。

この後の法律制定過程の詳細は省略しますが、1964（昭和39）年、国会で河野一郎建設大臣の、ルートが変われば「小牧〜飯田間の整備に手をつける」という言質を得て、中央道はその全線着工に向けて着実に駒を進めたのです。

中央道のルートが諏訪回りになった後から、国会答弁等で、1962（昭和37）年10月に閣議決定された全国総合開発計画（全総）で諏訪・松本地区が新産業都市に指定されたことが一因という説明もされるようになります。これはもっともに思えますが、後付けの理由です。

最後に、もう一つ、この時期に起きた出来事で中央道・諏訪回りルートへの変更に影響を与えたと思われるものを挙げておきます。

1961（昭和36）年6月末、伊那谷を豪雨災害が襲います。三六《さぶろく》災害です。天竜川やその支流が氾濫し多大な被害が出ました。特に、中央構造線沿いに位置する長野県大鹿村《おおしかむら》では大西山が山体崩壊を起こし、崩落土砂の岩砕流により42人が犠牲となりました（230ページも参照）。

このことをきっかけに中央構造線沿いの災害対策について抜本的に見直す必要が認識されます。同年11月、建設省に中央道防災委員会が設置されます。同委員会は1964（昭和39）年に、中央道・井川ルートは防災の観点から道路の維持が困難であり、高速道路の建設ルートとしては不向きであるという結論を出します。

既に見てきたように、実際には前年の1963（昭和38）年には諏訪回りに概ね決まっていたわけですが、道路の維持・災害対策上も、井川ルートは否定されてしまったのです。

高速道路は縦貫道から国幹道へ（昭和41年）

日本の高速道路と中央道の歴史⑥

１９６０（昭和35）年の東海道幹線自動車国道建設法（東名高速建設の根拠法）成立は、日本の高速道路に関する法体系を大きく揺さぶる大事件でした。

まず、動きに現われたのが、翌１９６１（昭和36）年の北陸自動車道（北陸道）の追加です。太平洋沿岸に高速道路を作るなら、日本海沿岸の諸都市にも高速道路を通すべきだというわけです。この際には縦貫道建設法自体を改正して別表に追加しています（１９６４年に予定路線）が、北陸道は果たして山岳開発の縦貫道なのかという疑念は、法案審議の過程でも指摘されました。

その後は、作りたい道路ごとに個別に法案が作られていきます。関越自動車道建設法（１９６３年、関越道）、東海北陸自動車道建設法（１９６４年、東海北陸道）、九州横断自動車道建設法（１９６５年、大分道・長崎道）、中国横断自動車道建設法（同年、岡山道・米子道および広島道・浜田道）が、次から次へと制定されていきます。

もうこうなると、法体系としては破綻しています。縦貫道は国土開発構想としての説得力を失ない、先に立法化した地域が勝ちという状態です。

また、国土全体として最終的にどういった高速道路ネットワークを整備していくのか、全体構想が見えてきません。全体予算がいくらで優先順位はどうなるのか立案している途中で、計画がどんどん追加になっていくのですから、道路行政にも困惑をもたらしました。

そこで、1966（昭和41）年に従来の縦貫道建設法を改正する形で、名称も改め、国土開発幹線自動車道建設法（以下国幹道建設法）が成立します。象徴的なので第1条（目的）の変更点を紹介しますと、「高速自動車交通網」が「全国的な高速自動車交通網」に、「縦貫する」が「縦貫し、又は横断する」に改められました。日本の高速道路は、ようやく、縦貫道構想――ひいては田中案――の軛《くびき》から逃れられた思いがします。

国幹道建設法では、既に立法されていた12道路14路線以外にも追加がなされ、合計7600kmの国幹道の予定路線が制定されます。戦前の自動車国道構想の2倍、日本のどこにいてもおおよそ2時間で高速道路にアクセスできる密度のネットワーク計画が立ち上がったのです。

国幹道はその後も追加され、今日、1万1500kmの自動車道ネットワークとなっています。

CHUO 4-09

ここも中央道になるはずだった!? 幻の西宮市〜神戸市の区間

田中清一の総合国土開発田中案にしろ、建設省の東京・神戸間有料高速道路計画にしろ、初期の高速道路計画はいずれも起点を東京に、終点を兵庫県神戸市に想定していました。ところが、縦貫道で構想された中央自動車道の終点は、大阪府吹田市でした。中国自動車道の起点が吹田市としていることから、縦貫道全体の道路ネットワークを考えてのことだと考えられます。現在、吹田JCTで名神高速と中国道が接続しています。

ここで、もう一つ疑問が思い浮かびます。現在の国幹道および高速自動車国道では、中央自動車道西宮線となっていて、終点は兵庫県西宮市です。吹田市〜西宮市の区間は、いつの間に延長になったのでしょうか?

歴史を紐解いていくと、1957（昭和32）年8月30日付の高速自動車国道の路線を指定する政令（政令第二百七十五号）に答えがありました。ここに「高速自動車国道吹田神戸線」として起点を吹田市、終点を神戸市とする路線が定められています。縦貫道建設法の予定路線ではなく、高速自動車国道法第3条第三項を元に定められた予定路線です。このままいけば、神戸まで高速自動車国道が伸びていたことになります。

ところが、いざ整備計画が定められる段階になって、西宮市〜神戸市については「一般国道43号の整備状況及び交通状況に応じて別途整備計画を定めるものとする（「吹田市西宮市間の新設に関する整備計画」備考）」として保留扱いにされてしまいました。都市部で建設費がかさみ、名神高速の建設予算が膨らんでしまったため、並行して国道の整備計画があった西宮市〜神戸市がカットされてしまったのです。

やがて、1966（昭和41）年に国幹道建設法に法体系が改められ、それを受けて翌1967（昭和42）年11月22日付の高速自動車国道の路線を指定する政令の一部を改正する政令（政令第三百四十八号）が出されると、高速自動車国道吹田神戸線は姿を消し、中央自動車道西宮線（起点：東京都杉並区、終点：西宮市）として再編されます。これ以降、西宮市〜神戸市には正式な高速自動車国道の建設予定はなく、名神高速もその名に反して神戸市にはたどり着くことなく終わっています。

1968（昭和43）年に阪神高速との連結が決まり、西宮市〜神戸市の交通についてはそちらに任された格好になっています。

高速道路を管理する日本道路公団と、その民営化

１９５７（昭和32）年、縦貫道建設法と高速自動車国道法が成立すると、高速自動車国道は道路整備特措法に基づいた有料道路として整備されることになりました。そして特殊法人日本道路公団が、借入金によって建設費を調達、高速自動車国道を建設し、利用者から徴収した通行料によって建設費を償還していくことになりました。

道路整備特措法は償還主義を取っていますから、当初は、名神高速、東名高速といった個別の道路ごとに償還計画が立てられて通行料金が決められていました。しかし、１９６６（昭和41）年に国幹道７６００kmが予定路線となり、次々と新しい道路が開通するようになると、道路ネットワーク全体での料金体系をどうするかが議題とされるようになりました。経済成長にともなうインフレ下では後から建設するほど土地や資材費用が高くなるため、個別道路ごとの費用償還では、先行して開通した地域との間で不公平になるという理屈です。そこで、１９７２（昭和47）年に道路整備特措法施行令が改正され、個別道路

ごとではなく、全国の道路全体で費用償還を進めていく「全国プール制」が導入されました。いわば、儲かっている道路の通行料を、今後開通する道路の建設費用償還にも回せるようになったのです。

その後、国幹道が1万1500㎞にまで拡充され次々と新しい道路の建設が決まると、それに伴って日本道路公団の借入金も膨らんでいきました。最終的には、日本道路公団の有利子借入金の残高は26兆3000億円にまで達しました（民営化直後の2006（平成18）年度の高速道路機構残高）。加えて、本来は通行料収入で償還を行なっているはずなのに、日本道路公団への出資金という名目で国が年間3000億円を支出し、その残高も2兆円近くに上っていました。

こうした高速道路債務を将来に渡ってどう処理していくのか、2001（平成13）年に内閣総理大臣に指名された小泉純一郎は「官から民へ」をスローガンとした小泉構造改革の一環として、高速道路民営化を推し進めます。こうして2004（平成16）年に道路整備特措法が改正され、同時に、高速道路機構と東日本、中日本、西日本と地域ごとの高速道路会社を設置するための関連法案が成立します（高速道路民営化は、首都高速道路、阪神高速道路、本州四国連絡橋の各公団も対象としていますが、本書での説明は割愛します）。

高速道路民営化では、日本道路公団の資産と債務は、いったん、高速道路機構が引き受けます。三つの高速道路会社は、高速道路機構から道路資産を借り受け、利用者からの料金徴収によって賃貸料を支払って、高速道路の運営（高速道路事業）を行ないます。債務の返済期間は当初45年間とされていましたが、その後、既存の高速道路の補修・改修にかかる追加債務の返済を考慮して、最終的に2065年までに期限が延長されました。

こうした民営化のスキームは、1987（昭和62）年の国鉄分割民営化をモデルにしていました。ただし、国鉄と道路で異なるのは、道路法が定める道路はいずれは（償還が完了すれば）無料で開放することが原則という点です。道路整備特措法では、債務完済のあかつきには高速道路機構は、道路資産を本来道路管理者に譲渡し解散することになっています。

三つの高速道路会社は、高速道路事業以外に、SAPA事業、駐車場事業、トラックターミナル事業、不動産開発事業などの関連事業も行なえるようになっていて、道路の無料開放後はこうした事業が経営の中心になる想定です。民営化後、各高速道路会社がSAPA事業に力を入れているのには、こうした将来に向けての事業領域の確立という意味もあるのです。

column

料金の有無にも関係してくる「新直轄方式」ってなに？

高速道路の民営化は、日本道路公団が抱え込んだ多額の債務処理と合わせて、今後、有料道路として採算の取れない路線・区間の建設を抑制して債務の増加を防ぐのが目的でした。民間会社だから儲からない路線・区間は引き受けられませんということです。

これでは、高速自動車国道でありながら永久に建設されない区間ができてしまいます。そこで採算が取れないとされる区間については、国（国土交通大臣）が高速道路会社に委任せず直接建設できるという制度を作りました。道路整備特措法に拠らない、高速自動車国道の建設手法（高速自動車国道法第6条）です。これが新直轄方式です。2006（平成18）年の民営化当初は27区間でしたが、その後整備計画の追加に合わせて増加し、現在では36区間865㎞が新直轄方式に切り替えられています。

有料とすると採算が取れませんので、税金により建設して、無償で開放することになります。一見矛盾したように見えますが、道路は本来無料であるという道路法の原則に従うとそうなります。

財源については地元の都道府県に負担も求めてはいますが、国が4分の3を負担（北海道と沖縄はほとんどが国負担）することになっていて、これは一般国道の指定区間（直轄区間）の国負担3分の2よりも大きくなっています。

CHUO 4-11

「高速道路」と「自動車道」、そして「首都高速」などの名称の違いとその意味の謎

高速道路とは、道路法で高速自動車国道として定義され、道路交通法では高速自動車国道の制限速度を時速100㎞としています。

ところが私たちの身の回りには、高速道路に似た道路がいくつかあります。高速道路の構造的な特徴の一つである「立体交差」ですが、道路に関する法律では、高速自動車国道法（高速自動車国道）、道路法（自動車専用道）、道路運送法（一般自動車道）の三つに出てきて、しかもそれぞれ異なった性質の道路について規定しています。

さらに高速自動車国道なのに「高速道路と呼称されていない道路」、高速自動車国道ではないのに「実際に高速で（時速100㎞の制限速度で）走行できる道路」と、高速自動車国道ではないのに「高速道路と呼称している道路」が混在しています。簡単に整理しておきます。

高速自動車国道であって、道路名が○○高速道路と名付けられている道路は4本しかあ

りません。東名高速道路、新東名高速道路、名神高速道路、新名神高速道路です。その他は、中央自動車道のように、［名称］＋自動車道と呼称されています。省略されて、［名称］＋道と案内されることもあります。実は中央道も１９７２（昭和47）年までは「中央高速道路」と呼ばれていた時期があったのですが、現在は「自動車道」になっています。

ちなみに全国の高速自動車国道の中で関門自動車道だけは例外的に「関門橋」と案内されていて、道路名に「高速道路」とも「自動車道」とも付いていません。

逆に、高速自動車国道でないのに高速道路と呼ばれている道路が、全国６都市に存在しています。首都高速道路、名古屋高速道路、阪神高速道路、広島高速道路、北九州都市高速道路、そして福岡都市高速道路です。これらは都市高速道路と呼ばれ、１本１本の道路の名称というよりは、各都市ごとの総称として名付けられています。都市内部の交通をスムーズにするという目的で建設されたもので、一般道路とは分離した形で独自の道路網を形成しています。通行料金も徴収されています。高速道路という呼称が付いているものの、あくまでも域内の自動車交通を捌くという目的のものですから、国土開発に関する全国的なネットワークとは区別されています。道路法のカテゴリーでも、都府県道・市道（政令指定都市道）に属し、特別に第48条の２の規定を適用して自動車専用道路としています。道路交通法の制限速度も時速60㎞が適用され、それ以上の制限速度とする場合は個別に指定が必要になっています。

首都高速道路の道路ネットワーク中に、東京高速道路株式会社線（ＫＫ線）と呼ばれている区間があります。高速道路という名称が付いていますが、実際には全区間時速40㎞制限となっています。この区間は特殊で、道路運送法による一般自動車道で、かつ、民間の営利事業でありながら無料で通行できます。道路法に基づかない道路が高速道路と名乗っているレアケースです。ＥＴＣの普及で特別に意識せず走行することができますが、ＫＫ線を通る場合は、いったん首都高速道路を降りてまた乗り直すという扱いになっています。

高速自動車国道ではないのに実際に高速（時速１００㎞の制限速度）で走行できる一般国道の自動車専用道路という道路もあります。道路法に基づく一般国道は、本来、歩行者や自転車も含めて全ての交通にあまねく開かれた道路であるはずなのですが、それでは自動車が安全に高速で走行することはできませんから、首都高速道路などと同じく道路法48条の2の規定に従って、例外的に自動車専用道路となっています。

なお、一般国道の自動車専用道路は、高速道自動車国道ではありませんから、道路交通法上の制限速度は時速60㎞です。時速60㎞以上に制限速度を引き上げるときは、その都度標識にて指示してあります。

CHUO 4-12

「高速」の2文字が取れた理由は？「中央高速道路」から「中央自動車道」への改称

高速自動車国道の中で道路名に「高速道路」が付くのは、東名、名神、新東名、新名神の4本だけですが、1972（昭和47）年までは中央道（当時は調布IC～河口湖ICが開通）も「中央高速道路」と呼ばれていました。それが、わざわざ官報の告示をもって「中央自動車道」に改称されてしまいました。

八王子IC～河口湖ICは建設費削減のために、用地は4車線分を確保しておくけれども実際の道路としては当初は2車線分しか作らない段階着工とされ、1969（昭和44）年の開通時は2車線対面通行でした。それも、上下線の間には路面にマーカーが引かれただけで、ポールやワイヤーで仕切るということはされていませんでした。それどころか対向車線から車が来ない場合は2車線対面区間でも追い越しが可能という交通運用がされていました。開通前の2車線対面通行区間を使って、実際の追い越し実験も行なった結果だといいますから、驚きです。

当然、無理に追い越しをしようとして正面衝突を起こすという事故が多発します。そこで、追い越しができないように対策を取るとともに、高速を煽らないという配慮から「中央自動車道」に改称したとされています。

しかし、時系列を整理してみると、1970（昭和45）年3月に中国道と近畿道のそれぞれ一部区間が開通しているのですが、これらは最初から「自動車道」として案内されています。この際に英語の表記は"Expressway"ではなく、"Motorway"が使われていました。以後、続々と開通する九州道、東関東道、道央道（北海道）も、全て「自動車道」です。つまり、中央高速道路の改称問題とは別に、高速自動車国道の道路名を「自動車道」として一般に告知をするという判断がされていたことになります。

そうなると、まだ一部区間しか開通していない中央道については、新しく定めた「○○自動車道」に揃えただけと考えることもできます。改称は、中央道・多治見IC～小牧JCTが追加開通するタイミングに合わせて実施されました。

高速自動車国道の呼び方で、「○○縦貫自動車道」という路線名が伝え残されている地域もあります。特に東北、中国、九州で見られます。なるほど、国土軸として縦貫自動車道がぴったり当てはまっている地域です。

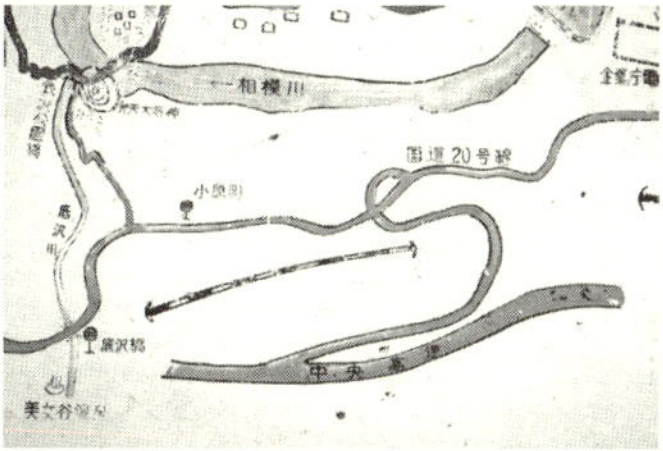

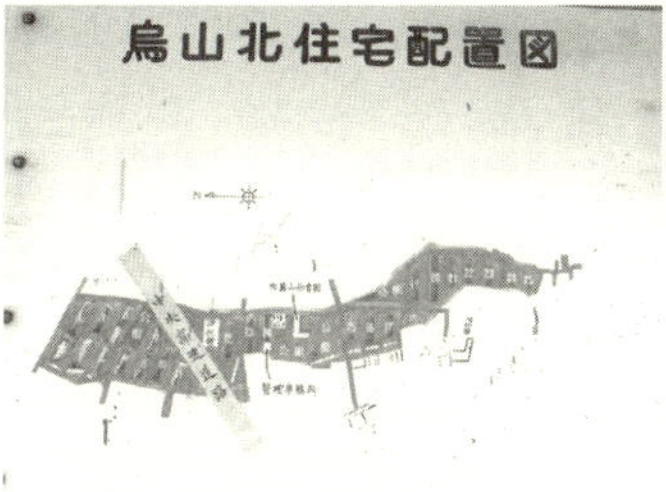

地域の看板などに残っている「中央高速」の文字。いずれも2018年撮影

富士吉田線河口湖ICに公式に(?)残る「中央高速」の文字

column

いつか走ってみたいけれど…？私有の高速道路

山口県には、民間企業の宇部興産株式会社が私有する「高速道路」があります。宇部興産専用道路とも呼ばれていますが、社史には「宇部・美祢《みね》高速道路」と記されています。延長32㎞、日本でも最長の私道としても知られています。１９７４（昭和49）年に最初の25㎞が開通した後、海岸部の埋め立て造成に従って徐々に延長され、１９８２（昭和57）年には厚東川《ことうがわ》の河口を跨ぐ１０２０ｍの興産大橋も開通させています。

宇部興産専用道路は、宇部興産の伊佐石灰石鉱区・伊佐セメント工場（美祢市）と臨海部の宇部セメント工場を結んでいます。鉱石の運搬にはベルトコンベアが用いられることが多いのですが、両方の工場の間で双方向の資材運搬や、大型機器の運搬の用途も考えて道路方式になりました。

名称だけでなく、実際の道路規格も高速道路に勝るとも劣りません。延長32㎞もありますから、途中で公道や鉄道と交差しますが、全て立体交差になっています。往復4車線あり、最小曲線半径４００ｍ、興産大橋以外は最急勾配３％ですから、最小曲線半径２６０ｍ、最急勾配６％の中央道よりも高規格です。途中には延長８６０ｍの伊佐隧道もあります。

宇部興産専用道路は企業の構内道路の扱いなので、道路交通法や道路運送車両法も適用外です。大馬力のトラクターが牽引する、全長30ｍ、40ｔ積みのトレーラーを2

民間企業が所有する「宇部・美祢高速道路」（写真：OAzipper（CC BY-SA 3.0））

両連結したダブルストレーラーが石灰石や半製品のクリンカーを積んで走行していきます。ダブルストレーラーの走行は運行計画が定められ、制限速度があるのはもちろんのこと、チェックポイントごとの通過時刻も定められています。ベテランのドライバーなら数秒の誤差での運行が可能だそうです。こうした効率的な輸送を支えるための高規格、専用道路なのです。

宇部興産の私道なので通常関係者以外は通行できませんが、宇部・美祢・山陽小野田産業観光推進協議会が主催する産業ツーリズムのツアーに参加すればバスで通行することができます。

CHUO 4-13

全国にたくさんある「中央道」!? 世界に広がる「中央道」の名称

中央道は日本の中央部を通っているというそのルーティングから、中央道と名付けられました。他の高速道路の道路名が、東名や名神のように結んでいる都市から一文字ずつ採って合成したり、東北道や中国道のように地域名から採っているのと比べると、抽象的なネーミングです。

ただ、日本では鉄道（ＪＲ）の中央本線があるので、中央本線のルートで東京と名古屋を結ぶという具体的な地域をイメージしやすいかもしれません（中央道が伊那谷を通る部分は、多少ルートが異なっていますが）。ちなみに中央本線は、１９０９（明治42）年の国有鉄道線路名称の制定に伴い当時開通していた区間がそれぞれ中央東線、中央西線と命名され、１９１１（明治44）年の全通によって中央本線となりました。

外国にも「中央道」はあるのでしょうか？　韓国には、その名もずばり中央高速道路があります。朝鮮半島南東部の山岳地帯をほぼ南北に貫いている路線で、鉄道の中央線と一部並行しているところも日本と似ています。

「中央道」を英語に直訳すると Central Expressway になりますが、こう呼ばれている高速道路はシンガポールにあります。現在建設が進められているスリランカの高速道路計画でも Central Expressway という名称が見られます。しかし、筆者の管見でも、高速道路に「中央道」という道路名を付けている国はそんなに多くはないようです。

高速道路にこだわらずに、もう少し範囲を広げてみると、オーストラリア中西部に Great Central Road が見つかります。地図を見てみると、まさに大陸のど真ん中の道路です。東西に細長い島国・キューバを貫いている幹線道路は Carretera Central 中央道路と呼ばれています。

内陸部もしくは中部地方という語感も含まれますが、midland も「中央道」に当てはまる言葉でしょう。アメリカで1910年代に車両交通の最初期に拓かれた Midland Trail (Roosevelt Midland Trail) は、ワシントンD. C. から北アメリカ大陸を横断してカリフォルニア州ロサンゼルスまたはサンフランシスコに至るルートで、まさに「中央道」です。現在ではその役割はインターステイトハイウェイのI－70に引き継がれています。また、オーストラリアのビクトリア州とタスマニア島には Midland Highway と呼ばれている幹線道路があります。

こうやって世界を見渡してみると、実は、日本が一番「中央道」好きかもしれません。

「中央道」と付く高速道路は、本家以外にも、東北中央道、瀬戸中央道、九州中央道がありますし、道央道、首都圏中央連絡道（圏央道）や首都高速の中央環状線も「中央道」の仲間といっていいでしょう。

中央道の仲間、東北中央道（写真:Hohoho(CC BY-SA 4.0)）

CHUO 4-14

まだまだ伸びる高速道路。これからどこが造られる？ その根幹となる「高規格幹線道路網」とは

日本で最初に高速道路が開通した１９６３（昭和38）年当時は、高速道路とは即ち高速自動車国道のことでした。この基本は現在も変わっていませんが、高速自動車国道でも道路整備特別措置法によらない新直轄区間（無料区間）ができたり、一般国道でも自動車専用で高速に走行できる道路が整備されたりするようになりました。こうした状況の変化に応じて、道路行政の立場から高速道路を再定義したのが高規格幹線道路です。

高規格幹線道路には、高速自動車国道や一般国道の自動車専用道路など実際に自動車が高速で走行でき、国の幹線道路網を構成するべき道路が含まれ、その総延長は１万４０００㎞に及びます。この計画が実現すると、日本全国どこの市町村からでも、自動車で一般道を１時間も走れば高速道路のインターチェンジにたどり着けるようになるといいます。日本全国に高速自動車交通を行き渡らせることによって、より均等な国土発展も目指すものです。高規格幹線道路１万４０００㎞には、現在開通している道路だけでなく、建設中

またはこれから建設していく予定路線も含まれています。

高規格幹線道路網計画に記載の道路を、根拠法令および整備手法ごとに分類してみると
・高速自動車国道として建設すべき道路の予定路線（A路線）
・高速自動車国道に並行する一般国道自動車専用道路（A'《エーダッシュ》路線）
・一般国道の自動車専用道路（B路線）
・本州四国連絡道路
となります。各項目のA路線・A'路線・B路線は筆者が勝手に名付けたものではなく、計画内で、そのように分類されているものです。実はA路線は高速自動車国道、A'路線・B路線および本州四国連絡道路は一般国道の自動車専用道路という括りになるのですが、元の分類に従っておきます。

一般のドライバーの方が「高速道路を利用する」と言った時の感覚は、この高規格幹線道路が近いのではないでしょうか。なお、高規格幹線道路には、高速道路と名前が付いていながら都市高速道路（6都市）は含まれていません。また、意外な所では、東京湾アクアラインと同連絡道、第三京浜道路、播但道（播但連絡道路）なども含まれていません。

これらの道路は、都市圏内または地域内の自動車交通を担う道路として、国土交通省が進める整備方針としては地域高規格道路という分類に含まれています。

第５章

中央道が繋ぐ高速道路

「その先」はどうなっている？

赤坂台総合公園からの中部横断道

CHUO 5-01

長野道
ルートの謎

長野道は、高速自動車国道中央自動車道長野線で、中央道ファミリーの一員です。縦貫道構想は元々縦貫道を幹としてそこから補助路線を広げていくということを想定していましたが、中央道が１９６４（昭和39）年に諏訪回りになった段階から、その先の長野、さらには北陸方面への接続という構想が熱く語られるようになりました。そうした中に、長野県の主要２都市である長野と松本を結ぶ30分で結ぶ弾丸道路計画を、中央道と接続するというアイディアもありました。１９６６（昭和41）年に国幹道建設法が成立すると、諏訪から長野までが国幹道の予定路線に位置付けられました。

同時に、碓氷峠《うすい》を越えて高崎方面からの関越自動車道直江津線（現・上越線）＝上信越

Profile

道路名 長野自動車道（長野道）
種類 高速自動車国道
路線名 高速自動車国道中央自動車道長野線
区間 岡谷JCT（長野県）～更埴JCT（長野県）
延長 76km
供用 全線
構造別割合 土工66.2%、トンネル20.3%、橋梁13.5%
全線平均区間交通量
33,450台／日（平成27年）

道も予定路線となり、高速道路ネットワークの中で、中央道と上信越道を短絡する役割も与えられました。

　中央自動車道長野線は、国幹道としても高速道としても長野県長野市が終点に指定されていますが、上信越道が新設されたことにより、実際の整備計画は更埴ＪＣＴ（同県千曲《ちくま》市）までに変更されています。道路名としての長野道も更埴ＪＣＴまでですので、本書でもこれらの定義に従っておきます。

姨捨SAからの長野平野（善光寺平）の眺め

長野自動車道開通記念の碑（下り線・姨捨SA）

　長野道は岡谷ＪＣＴで分岐します。走っているとわかりませんが、高さ55mの岡谷高架橋で岡谷市街地を越えていきます。5径間連続コンクリートラーメン箱桁橋で、今では珍しくありませんが、建設当時は画期的な技術として土木学会田中賞を受賞しています。その記念プレートが下り線・みどり湖PAに置かれています。岡谷トンネルを抜けると、谷間に岡谷ICがあります。その後、諏訪盆地と松本盆地を隔てている塩尻峠を塩嶺トンネル（下り線1800m、上り線1710m）で貫きます。塩尻峠は太平洋側と日本海側を分ける分水嶺になっていますので、これまで諏訪湖・天竜川水系だったのが、トンネルを抜けると千曲川・信濃川水系になります。下り線の岡谷側坑口は、諏訪大社の御柱《おんばしら》を象った意匠が施されています。

松本平野を長野道は進みます。松本ICで一般国道158号と接続し、上高地への玄関口の役割を果たしていますが、中部縦貫道（一般国道158号の自動車専用道路）と松本JCTで接続する計画があります。安曇野《あずみの》ICは、NEXCO中日本とNEXCO東日本の境界のインターチェンジです。また、このインターチェンジは以前は豊科《とよしな》ICと呼ばれていましたが、2012（平成24）年に、市町村合併で誕生していた安曇野市の市名に合わせて改称されました。

安曇野ICを過ぎると聖高原《ひじりこうげん》の山間部に入っていきます。延長3600m級の立峠《たちとうげ》トンネル、延長3200m級の一本松トンネルと、トンネル区間が多くなります。一本松トンネルを抜けると姨捨《おばすて》SAです。長野平野（下り線）から見下ろす景色は絶景です。

岡谷JCTと岡谷高架橋

長野平野（善光寺平《ぜんこうじだいら》）南縁の丘陵上にあり、標高616m春には白やピンクの杏の花が咲き誇りますし、夜景も素晴らしいです。また、付近は田毎《たごと》の月で知られる姨捨の名勝です。また、下り線・姨捨SAには長野道全通の記念碑が置かれています。

姨捨SAから、長野平野（善光寺平）南縁をぐるりと迂回して、標高差260mを下っていきます（峠の越え方については40ページも参照）。更埴《こうしょく》JCTで上信越道に合流します。

長野道の高速ナンバリングは［E19］です。同じく［E19］が付番されている中央道・小牧JCT〜岡谷JCTと合わせて、中京圏と長野を結ぶ路線ということが強調されています。これは、愛知県名古屋市〜長野県長野市の一般国道19号に従ったものです。

CHUO
5-02

中部横断道

ルートの謎

Profile

道路名 中部横断自動車道（中部横断道）
種類 高速自動車国道
路線名 高速自動車国道中部横断自動車道
区間 清水市（静岡県）〜佐久市（長野県）
延長 136km
供用 六郷IC〜双葉JCT、八千穂高原IC〜佐久小諸JCT（新直轄方式・無料）
構造別割合 土工15.6%、トンネル0.0%、橋梁84.4%（増穂IC〜双葉JCT）
全線平均区間交通量 3,617台／日（平成27年、増穂IC〜双葉JCT）

中部横断道は字義通り中部地方を横断する高速自動車国道です。日本列島の細長い方向を縦貫とみなしますので、中部地方では、東西方向が縦貫、南北方向が横断になります。新東名高速・新清水JCT（静岡県）から中央道と交差して、上信越道・佐久小諸《さくこもろ》JCT（長野県）までを結ぶ計画です。1987（昭和62）年、第四次全国総合開発計画において1万4000kmの高規格幹線道路網が閣議決定されたことを受け、予定路線となりました。

新東名高速から分岐する新清水JCT〜富沢《とみざわ》ICと、六郷《ろくごう》IC〜双葉JCTは有料道路方式ですが、それ以外の区間は採算が見込めないとして新直轄方式（無料開放）での整備

建設が進む中部横断道。下部温泉早川IC付近

が進められています。また清里高原を越える長坂ＪＣＴ〜八千穂高原ＩＣの38㎞についてはまだ整備計画が策定されていません。

中央道とは双葉ＪＣＴで交差していますが、地図を見るとわかるように、東京方面からの利用では三角形の二辺を行くような遠回りのルートになってしまいます。これを補うように、地域高規格道路である新山梨環状道路南部区間（山梨県道）が甲府南ＩＣと南アルプスＩＣの間を短絡をしています。

増穂《ますほ》ＩＣまでは8割以上が高架という特殊な構造になっています。これは、地平に一般国道52号・甲西《こうさい》バイパスが通るという方式で建設されたためです。増穂ＩＣから南は、甲府盆地も終わり富士川の渓谷に沿います。山梨県富士川町の中心地・鰍沢《かじかさわ》は、江戸時代初め、角倉了以《すみのくらりょうい》が富士川を開削したことで駿河湾からの舟運が通じ、河岸《かし》（河港）として栄えました。ですが、中部横断道は鰍沢を通らず、富士川を渡って左岸側に出ます。現在六郷ＩＣまでが開通しています。

中央道の北側で開通しているのは、上信越道・佐久小諸ＪＣＴから分岐して八千穂高原ＩＣまでの区間です。全区間、新直轄方式で建設され、無料で通行できます。佐久平《さくだいら》（佐久盆地）は、１９９７（平成９）年の北陸（長野）新幹線・佐久平駅の開業の開業に合わせて都市開発が盛んに進められています。中部横断道の北陸新幹線との立体交差は、当初は高架で線路を越えていくはずだったのですが、新直轄方式への変更に合わせて予算削減のため新幹線の高架下を潜る形に変更されました。桁下４・５ｍの通行制限があり、窮屈に感じる箇所ですので注意が必要です。佐久南ＩＣから南の区間は、八千穂高原から広がる山裾の丘陵地帯を進みます。八千穂高原ＩＣで一般国道２９９号に接続しています。茅野に通じる麦草《むぎくさ》峠の最高地点は標高２１２７ｍ、日本の国道の中では、群馬県の一般国道２９２号・渋《しぶ》峠に次いで2番目に標高の高い地点です。

高速道路ナンバリングは、中部横断道は全線（中央道との重複区間を含む）［Ｅ52］が付けられています。また新清水ＪＣＴで接続している新東名高速・清水連絡路も［Ｅ52］です。

CHUO 5-03

東海北陸道

ルートの謎

Profile

道路名 東海北陸自動車道（東海北陸道）
種類 高速自動車国道
路線名 高速自動車国道東海北陸自動車道
区間 一宮JCT（愛知県）〜小矢部砺波JCT（富山県）
延長 185㎞
供用 全線
構造別割合 土工41.7％、トンネル37.8％、橋梁20.5％
全線平均区間交通量 15,037台／日（平成27年）

東海北陸道は中京圏と北陸地方とを結ぶ高速道路として早くから構想が立てられ、1964（昭和39）年には東海北陸自動車道建設法が成立しています。しかし、中部地方の山岳地帯を横断するルートであること、沿線に大きな都市がないことなどから、建設はなかなか進みませんでした。最初の区間（岐阜《ぎふ》各務原《かかみがはら》IC〜美濃《みの》IC（ともに岐阜県））が開通したのが1986（昭和61）年、全線が開通したのは建設法成立から44年後の2008（平成20）年のことです。

東海北陸道の沿線には、世界遺産となった五箇山《ごかやま》・白川郷の合掌集落をはじめ、高山、飛騨古川、郡上八幡《ぐんじょうはちまん》といった観光地が点在しています。近年、これらの中部地方の観光地を巡る中華圏からの旅行者が増えています。日本海に突き出ている能登半島が龍の頭に見えることから、縁起のいい登り龍にあやかって、名古屋から北上して中部地方の観光地をたどるルートが喜ばれているのです。「昇龍道」と呼びならわして、自治体や観光関係者の間でインバウンド・ツーリズムの受け皿整備が進められています。こうした周遊が可能になるのも、東海北陸道のおかげといえるでしょう。

また、東海北陸道のサービスエリアもあるひるがの高原には、太平洋に注ぐ長良川と日本海に向かう庄川の分水嶺が通っています。一つの水源から両側に水が分かれていく様子を見ることができる分水嶺公園（岐阜県郡上市）は、隠れた観光名所になっています。

現在、東海北陸道・白鳥《しろとり》IC（岐阜県）〜小矢部砺波《おやべとなみ》JCT（富山県）は2車線です。そのため連休やスキーシーズンには、4車線から2車線に減少した先の高鷲《たかす》トンネル付近で15㎞程度の渋滞が発生したり、2車線区間を延々と数珠繋ぎ状態で走ることもあります。現在、白鳥IC〜飛騨清見ICで4車線化の工事が進められています。

地図で東海北陸道のルーティングを見ると、不思議に思うことが二つあります。一つは、中部圏を貫いているメインルートである一般国道41号沿いではなく、西側に寄った一般国道156号沿いを走っていることです。これは、富山県、石川県、福井県の間で「路線の決定にあたっては、北陸三県のいずれにも裨益《ひえき》するよう考慮する（1963（昭和38）年

5月17日付け「三県申し合わせ」）」としたことにより、石川県や福井県により近い現在のルートが選択されました。また、高山市は一般国道41号が通っているためそちらを改良することで対応し、東海北陸道はより低開発な地域に通すという発想もありました。

もう一つの謎は、西寄りのルートを選んだはずなのに、高山市付近だけ東に大きく迂回をしていることです。当初は御母衣《みぼろ》ダム沿いに「直進」する計画でしたが、飛騨地方随一の観光地である高山市から遠すぎること、将来中部縦貫道が接続した際に富山県・石川県から首都圏へのルートが三角形の二辺を行く形の遠回りになることから、１９８９（平成元）年に現在のルートに決まりました。

東海北陸道は延長の１８５㎞の約４割がトンネルという、モグラ路線です。下り線に56本、上り線に54本のトンネルがあります。その中で最長が飛騨トンネル（1万７１０ｍ）で、関越道の関越トンネルに次いで日本の道路トンネルの中で長さ第4位を誇ります。その工事は、軟弱な地盤、最大土かぶり１０００ｍの高い土圧、大量の出水といった悪条件に悩まされ、貫通まで9年半を要しました。飛騨トンネルは高山側にルートを曲げたことにより建設が必要になったのですが、この区間の開通により、高山と白川郷・五箇山を直接結ぶ周遊観光ルートが可能になるという大きなメリットがありました。

飛騨トンネルを挟む飛騨清見ＩＣ～白川郷ＩＣ、袴腰《はかまごし》トンネル（５９３２ｍ）を挟む五箇山IC～福光《ふくみつ》ICでは、それぞれ危険物積載車の通行が規制されています。この2本のトンネルと、城端《じょうはな》トンネル（3192m）、各務原トンネル（下り線3015m、上り線3050m）では防災体制が最上級のAA級となっています。

橋梁にも山岳路線ならではの記録があります。高鷲IC～ひるがの高原SA間の鷲見橋は長さ436mのコンクリートラーメン橋ですが、橋脚高118mは日本一を誇ります。この区間は現在4車線化工事が進められていて、現在の橋の西側に新しい橋が完成すると、こちらが橋脚高日本一を更新する予定です。また、長さ198mの本谷橋《ほんたに》（同区間）は、日本初の張り出し架設工法による波形鋼板ウェブPC3径間連続ラーメン箱桁橋で、土木学会田中賞を受賞しています。その記念プレートが下り線・ひるがの高原SAに飾られています。

さらに、日本の高速道路標高最高所の記録も東海北陸道が持っています。松ノ木峠PA付近の標高1085mがその地点です。この区間が2000（平成12）年に開通したことで、それまで中央道が持っていた、日本の高速道路標高最高所（標高1015m）と標高最高所の休憩施設（下り線・中央道原PA、標高930m）の記録を両方とも奪いました。

東海北陸道は高山市付近で東へ迂回している区間を除いては、ほぼ一般国道156号と並行していますが、高速道路ナンバリングでは一般国道41号に合わせた「E41」が付けられています。また、白鳥ＩＣ~飛騨清見ＩＣは中部縦貫道と重複のため［E67］も付けられています。

日本一の橋脚の高さを誇る鷲見橋

高速道路標高最高所。松ノ木峠PA付近

CHUO 5-04

三遠南信道

ルートの謎

Profile

道路名 三遠南信自動車道（三遠南信道）

種類 一般国道の自動車専用道路

路線名 一般国道474号

区間 飯田山本IC（長野県）～浜松いなさJCT（静岡県）

延長 100km

供用 飯喬道路（飯田山本IC～天龍峡IC、龍江IC～飯田上久堅・喬木富田IC）、小川路峠道路（喬木IC～程野IC（仮））、三遠道路（鳳来峡IC～浜松いなさJCT）

三遠南信道《さんえんなんしんどう》は一般国道474号の自動車専用道路を中心に整備が進められている高規格幹線道路です。高速道路のネットワークとしては中央道と新東名高速とを結ぶ補助路線の役割を果たします。費用対効果を勘案して、全区間を自動車専用道路として新規に建設するのではなく、一部の区間は現在の一般国道152号のバイパス整備でよしとする「現道活用」によって、ルートを繋げることになりました。

三遠南信とは、道路が通過する地域の旧国名、三河（愛知県東部）、遠江《とおとうみ》（静岡県中西部）と南信濃（長野県南部）を繋げて命名されました。飯田から、遠山郷、水窪《みさくぼ》、佐久間、奥三河を通って浜松の引佐《いなさ》に抜けると書いた方がわかりやすいかもしれません。いずれも秘境をイメージさせる地名です。

山に隔てられながら、これらの村落の間には古くから秋葉街道が通じ、往来がありました。共通の民俗風習も残されています。奥三河や遠山郷では、毎年11月から12月にかけて霜月神楽《しもつきかぐら》（花祭）が催されます。湯釜にお湯を沸かす湯立て神事が行なわれ、やがて、その煮えたぎったお湯を天狗などの面が周囲にはね掛けて清めます。熱湯を素手ではね掛ける迫力と、小屋の中に濛々と立ち込めた湯気で、その場は独特の熱気に包まれます。そうした盛り上がりの中で夜通し神楽が舞われます。

三遠南信道が一般国道の自動車専用道路ということを示す標識

飯田山本IC付近

三遠南信道のルート

は鉤型《かぎ》（アルファベットのLをひっくり返したような形）をしていますが、①天龍峡を渡り伊那山地を貫くといった中央道井川ルートの忘れ形見とでもいうべき区間と②中央構造線に沿った区間に大きく分けることができます。それぞれを見ていきましょう。

飯田山本ICで中央道から分岐すると一路東へ向かいます。天龍峡ICに向けて、7・2㎞の下り坂です。天龍峡ICから先は工事中ですが、長さ280m、水面からの高さ80mのアーチ橋・天龍峡大橋（仮称）で天竜川を渡ります。このあたりの渓谷は天龍峡と呼ばれ、国の名勝に指定されています。天龍峡大橋には下部に観光用の歩道が設けられる予定ですので、完成すると、天竜川の絶景が楽しめそうです。

天竜川を渡ると今度は伊那山地に向けて登り坂になります。途中、龍江《たつえ》IC～飯田上久堅《いいだかみひさかた》・喬木富田《たかぎとみだ》ICの3・4㎞だけが開通しています。飯田上久堅・喬木富田ICの「・」を含めて10文字の漢字表記は、日本で一番長いインターチェンジ名です。

その先、県道と村道を経てたどり着くのが、小川路峠道路の喬木《たかぎ》ICです。細い山道を登っていくと、山中にいきなり高規格道路が出現し、高さ20mのランプ橋が頭上に架かっているのには圧倒されます。このインターチェンジは矢筈《やはず》トンネルの西側坑口に当たり、4176mのトンネルで伊那山地を一気に貫いています。1994（平成6）年の同トンネル開通によって、飯田市の中心部と、遠山郷（遠山谷）の旧上村《かみむら》・南信濃村地区が結ばれました。それ以前は、一般国道256号の小川路峠区間は未開通で、赤石林道を通るしか自動車交通の便はありませんでした。赴任しようとした教師が引き返してしまうくらいに険しい山路ということで「辞職峠」という呼ばれ方もされました。

矢筈トンネル東側には建設途中で放棄された程《ほど》野《の》ICの橋脚が、未完成のまま遠山川の河原に点々と残されています。

小川路峠道路の喬木IC

トンネル工事が始まった青崩峠。国道152号の未開通区間

遠山谷は中央構造線の谷です（230ページを参照）。この区間は一般国道152号の改良を進めることで済ませる現道活用区間となりました。途中の木沢は、中央道・井川ルート時代にインターチェンジの設置候補地と

された所です。聖岳を源流とする遠山川と上村川《かみむらがわ》との合流地点に位置し、遠山森林鉄道の車両基地や営林署もありました。廃校になった小学校の木造校舎が残り、森林鉄道のディーゼル機関車の動態保存と合わせて村おこしの取り組みが行なわれています。

遠山谷と県境を越えて静岡県浜松市・水窪《みさくぼ》を隔てている峠が、青崩峠《あおくずれ》（標高1082m）です。峠に露出した緑色変成岩が脆《もろ》く崩れやすいことがその名の由来といわれています。そうした地質のため一般国道152号も未開通となっています。現在、この区間の往来は、いわゆる兵越《ひょうごえ（ごし）》林道（長野県道・南信濃水窪線および浜松市道・白倉川線）を迂回しています（大型車は通行できません）。武田信玄が三河攻めの際に兵が越えたから兵越というのが地名の由来とされていますが、2000年頃までは通り抜けができるという情報も少なく、地図でも「ヒョー越」とカタカナで記されていました。

兵越林道の迂回路を成立させているのが、草木トンネル（延長1311m）です。このトンネルは元々は、一般国道152号の自動車専用道路として着工し、1993（平成5）年に一般国道474号が路線指定されるに伴い編入されたという経緯があります。総工費180億円をかけて、翌1994年に開通しました。三遠南信道の一部ですから高速道路の規格で建設され、前後にはインターチェンジも設けられる予定で橋脚も立てられました。

しかし、その後の調査で、兵越峠の方が条件が悪いことが判明し、路線の比較検討の結果、2015年、三遠南信道が青崩峠で建設されることが決まりました。それに伴い、草木トンネルの区間は、一般国道474号の自動車専用道路から一般国道152号（一般道路）に変更になりました。着工当時の路線に戻ったのです。自動車専用道路が解除されたことで、現在は徒歩や自転車でも通行できます。

こうしたルートの再変更はありましたが、青崩峠の地質が悪いことには変わりはありません。青崩峠道路（トンネル）の方は本線建設の前段階として調査坑を掘ることになり、現在その建設工事が進められています。

峠を下ったあたりの地名（大字）は奥領家《おくりょうけ》といいます。鎌倉時代に領家と地頭で荘園支配地を分割した下地中分《したじちゅうぶん》を伝える歴史ある地名で、さらに地質学の「領家帯」はこの地名に由来しています。

水窪から先は静岡県です。東栄《とうえい》、鳳来峡《ほうらいきょう》と愛知県に入り、また、静岡県に入って、浜松いなさJCTで新東名高速に接続します。三遠南信道から来て浜松いなさJCTをそのまま直進すると、新東名高速の引佐連絡路を通じて、東名高速の三ケ日《みっかび》JCTに至ります。高速道路ナンバリングでは、三遠南信道と新東名高速・引佐連絡路を合わせて［E69］としています。

column

1961（昭和36）年に大崩落を起こした大西山。犠牲者を慰霊する観音像が建つ

中央構造線と高速道路のルート

中央構造線は、日本列島の中部地方から紀伊半島、四国、九州にかけて約900㎞に渡って伸びている地質構造の大境界線で、これを境に太平洋側の外帯と日本海側の内帯とに分かれます。外帯と内帯で岩石の性質が大きく異なり、外帯は低温高圧の変成作用を受け片理《へんり》が発達した結晶片岩（三波川《さんばがわ》帯）や蛇紋岩《じゅもんがん》（御荷鉾《みかぼ》帯）、内帯側は高温高圧の変成作用を受けた片麻岩《へんまがん》や花崗岩《かこうがん》（領家帯）です。

中央構造線は日本列島を形成する大きな力のせめぎあいの場所です。そのため、中央構造線沿いには圧砕や破砕を受けた断層地帯特有の脆い岩盤が分布し、土砂災害が

空から見た中央構造線の断層線谷

起きやすくなっています。中央構造線上の村、長野県大鹿村では、赤ナギと呼ばれる鳶《とび》ケ巣《がす》大崩壊地や昭和36年に起きた大西山崩落地といった災害地形を見ることができます。また、外帯の岩石である片岩が作る土壌は風化すると地滑りを起こしやすく、地滑り対策地も点在しています。

中央道・井川ルートは、急峻な南アルプスを縦貫するだけでなく、こうした中央構造線の土砂災害地帯を横切るという意味でも技術的な困難を伴いました。現在建設が進められている中央リニア新幹線も同様の土木的困難に挑んでいます。

衛星画像を見ると、中央構造線に沿って直線状の谷を見ることができます。これらの谷は断層によって破砕された脆い岩石地帯が浸食されて形成されたものです。断層《だんそう》

中央構造線を横切っている国道152号草木トンネル

線谷《せんこく》といいます。中部地方の伊那谷に並行して中央構造線の谷が南北に走っていますが、浸食している河川が横谷《おうこく》で伊那谷の天竜川に流れ出ていってしまっていて、途中に分杭《ぶんぐい》峠、地蔵峠、青崩峠という峠ができています。これらの峠は一般国道152号の交通路を扼《やく》する難所となっていて、未開通区間も残っています。

紀伊半島の中央構造線は、東側には櫛田《くしだ》川が、西側には紀の川がそれぞれ浸食した断層線谷を伴っています。京奈和《けいなわ》道（一般国道24号）の橋本道路や紀北東道路は、そうした紀の川の河谷の町々を結んでいます。

四国では吉野川や新居浜《にいはま》平野南縁のラインが中央構造線に沿っています。徳島道と松山道のルートはまさに中央構造線をなぞって走っています。

CHUO 5-05

東海環状道

ルートの謎

Profile

道路名 東海環状自動車道（東海環状道）
種類 一般国道の自動車専用道路（有料道路）
路線名 一般国道475号
区間 豊田東JCT（愛知県）～新四日市JCT（三重県）
延長 160km
供用 豊田東JCT～関広見IC、大垣西IC～養老IC、東員IC～新四日市JCT

東海環状道は名古屋市から30～40km圏を通る環状の高速道路で、一般国道475号の自動車専用道路となっています。愛知・岐阜・三重の3県に跨り、豊田、瀬戸、多治見、美濃加茂、関、大垣、四日市といった名古屋周辺の都市を連結しています。また、東名高速・新東名高速、中央道、東海北陸道、名神高速、新名神高速、東名阪道という各高速道路間を外郭で連結するという役割も持っています。

環状という名称が付いていますが、実際には南側は伊勢湾岸道になっていて、完全な環状ではありません。また、東海北陸道と交わる美濃関JCTを中心に東西に分けてみると、東側73kmは全部開通していますが、西側はまだ建設途中です。東側は2005（平成17）

年に愛知県長久手市・豊田市・瀬戸市を会場に開催された愛・地球博に合わせて整備が進みました。

中京圏には３重の環状高速道路網が整備されていて、都心側から［Ｃ１］名古屋高速・都心環状線、［Ｃ２］名古屋第二環状自動車道（名二環《めいにかん》）、［Ｃ３］東海環状道となっています。この３路線、道路の種類が全て異なるのですが、高速道路ナンバリングでは統一して［Ｃ］が割り振られました。余談になりますが、名古屋高速の都心環状線は従来はリング（Ring）の頭文字を採って［Ｒ］が付けられていました。オーストラリアの首都・ウィーンの環状道路（Ringstraße）みたくて、筆者は好きだったのですが、道路ネットワーク全体の統一感のために［Ｃ１］に改番されてしまいました。

通過する各県名のローマ字表記から１文字ずつ取って、ＭＡＧ《マグ》ロードという愛称も付けられています。各県で沿線開発が進められていて、ショッピングモールや大型アウトレット、工業団地、物流拠点などの進出が相次いでいます。

濃尾《のうび》平野外縁の丘陵地帯を通過するため、猿投山《さなげやま》トンネル（４３１０ｍ）や愛岐《あいき》トンネル（内回り：３２７０ｍ、外回り：３２９０ｍ）などの長大トンネルもあります。技術的に特筆すべきは、内回りと外回りの２本のトンネルが隣接して「めがねトンネル」になっている五ヶ丘《いつつがおか》トンネル（愛知県豊田市）です。通常並行して２本のトンネルを掘る場合、

東海環状道と東海北陸道が交差する美濃関JCT空撮

地圧を安定させるためにある程度間隔を取る必要があり、めがねトンネル自体が技術的難度が高いものです。従来は導坑と呼ばれる小さなトンネルを先に掘って、そこから断面を広げるという工法が取られていましたが、五ヶ丘トンネルではいきなり道路用の大断面でめがねトンネルを掘り進められました。これによって、工期の短縮や費用削減が図られた画期的な工法です。

東海環状道は一般国道ですので、道路交通法上の法定速度は時速60㎞です。新東名高速と中央道を結ぶ区間（豊田東ＪＣＴ～土岐ＪＣＴ）は、高速自動車国道の法定速度と同じ、乗用車・時速１００㎞に指定してあります。また、その他の区間は時速70㎞の指定になっています。

あとがき

筆者は地図を眺めるのが好きです。

普段愛用している10万分の1の道路地図、サービスエリアでもらってきた『エリアガイド』、国会図書館でコピーしてきた井川ルート記載の20万分の1の地図、烏山シェルターが「雪覆い等」で記されている2万5000分の1地形図……、執筆中何度も眺めたこれらの地図を、書き終えた今、多少の安堵とともに見返しています。

こうした地図上で、中央道をたどるのは簡単です。地図上には、一般道路や鉄道など様々な「線」が描かれていますが、高速道路ですのでインターチェンジ以外で他と交わることはありません。別格なのです。そうした別格であることも高速道路の魅力の一つだと考え、本書では、一部を除いて、一般国道や鉄道とのルート比較はしないことにしました。

代わりに本書で着目したのは、高速道路のルートに並行して流れる河川です。日本では高速道路を1時間も走れば、分水嶺を越えて、水系が異なります。水系が異なるということは、異なる平野や盆地に入ったということです。その度に新しい風景が広がり、土地の文化や祭りがあり、人々の日常があります。高速道路を移動する時間空間スケールが、日本の場合、水系の広がりとぴったり一致しているように思えます。筆者の拙い筆致ではありますが、こうした企図がうまく伝わっていることを祈るばかりです。

中央道は、最初の開通区間である調布IC～八王子ICが、2017（平成29）年12月で開通50年を迎えました。また全線開通からも25年が経ちました。2012（平成24）年の笹子トンネルの天井板崩落事故を引き合いに出すまでもなく、設備の老朽化が進み、リニューアルは急務です。一方で、東京・多摩地区の慢性的な交通渋滞、八王子JCTでの圏央道との連絡による渋滞、小仏トンネルの上り線の増設など、解決すべき課題は少なくありません。将来的には自動運転への対応も必要になるでしょう。新しい設備投資によって、今後、中央道がどのように進化していくのかにも注目していきたいと思います。

新東名高速の開通以降、中央道が東名高速を補完する役割は薄れているところがあります。一方で、圏央道、中部横断道、長野道、三遠南信道、東海環状道などが繋がり、基幹路線としての役割はますます高まっています。外環道接続の工事も進んでいます。

こうした変化の中には筆者の力不足で書き切ることができなかったものもありますが、本書を閉じたその後に、「みらいの中央道」を想像する楽しみを読者の皆様と分かち合うことができれば幸甚です。

最後に、本書執筆に際してご支援ご協力をいただいた、山形みらいさんはじめ道路愛好を趣味とする知人諸氏ならびに実業之日本社磯部祥行氏に感謝いたします。

《参考文献（順不同）》

『平成30年版　道路法令総覧』、道路法令研究会編、ぎょうせい、２０１７年
『高速道路便覧　２０１６（平成28年度）』、全国高速道路建設協議会編集発行、２０１６年
『道路行政』、武藤博己、東京大学出版会、２００８年
『国土開発縦貫自動車道中央自動車道（東京都・小牧市間）調査報告書』、建設省土木研究所、１９５９年
『中央高速道路工事誌』、日本道路公団高速道路八王子建設局、１９７０年
『中央自動車道（西宮線）建設誌』、山梨県中央道建設推進連絡協議会編集、山梨県、１９８３年
『伊那谷中央道史』、伊那谷中央道史刊行委員会、１９７７年
『岐阜県の中央自動車道工事誌』、岐阜県企画部調整課、１９７４年
『恵那山トンネル工事誌』、日本道路公団名古屋建設局、１９７７年
『峠の道路史』、野村和正、山海堂、１９９４年
『角川日本地名大辞典』（19山梨県、20長野県）、編纂委員会編集、角川書店、１９７８年・１９８４年
山下実「渋滞時における中央自動車道笹子トンネルの交通事故防止対策」『月刊交通』１９９２年９月号
国会議事録（各号）
富山県・岐阜県ホームページ

著　者

藤田哲史（ふじた てつし）

1974年富山県生まれ。東京都在住。 地理好き、地図好きが昂じて、日本全国を旅している。高速道路や国道を走破する一方、明治以降の近代交通網の形成にも興味を持ち、大正道路法を根拠とした道路元標や、鉄道の駅が「ステンショ」と呼ばれていた頃の道標などを、各地に収集している。土木技術史にも関心を寄せ、過渡期の橋梁技術——特にレンティキュラートラス橋や三弦トラス橋を探索しにアメリカやドイツへも出掛けている。定期航空便からの航空写真も趣味としていて、自らドローンによる空撮も手掛ける。洋泉社MOOK『ドローンのすべて』制作協力。テレビ出演、トークイベント出演多数。

※本書は書き下ろしオリジナルです。

じっぴコンパクト新書　352

中央《ちゅうおう》自《じ》動車道《どうしゃどう》の不思議《ふしぎ》と謎《なぞ》

2018年7月11日　初版第1刷発行

著　者…………藤田哲史
発行者…………岩野裕一
発行所…………株式会社実業之日本社
〒153-0044 東京都目黒区大橋1-5-1 クロスエアタワー8階
電話（編集）03-6809-0452
　　（販売）03-6809-0495
http://www.j-n.co.jp/
印刷・製本…………大日本印刷株式会社

ISBN978-4-408-33811-8（第一趣味）